中外教育名著导读书系

陈鹤琴教育名著导读

王凌皓　主编

刘艳英　曲　萍　编著

吉林文史出版社

图书在版编目（CIP）数据

陈鹤琴教育名著导读 / 刘艳英，曲萍编著. —— 长春：
吉林文史出版社，2016.5（2021.6重印）
（中外教育名著导读书系 / 王凌皓主编）
ISBN 978-7-5472-1443-5

Ⅰ.①陈… Ⅱ.①刘… ②曲… Ⅲ.①陈鹤琴（
1892~1982）－教育思想 Ⅳ.①G40－092.7

中国版本图书馆CIP数据核字（2013）第007682号

陈鹤琴教育名著导读

CHENHEQIN JIAOYUMINGZHU DAODU

主编/王凌皓

编著/刘艳英　曲　萍

责任编辑/高冰若

封面设计/李岩冰　李宝印

印装/三河市燕春印务有限公司

开本/720mm×1000mm　1/16

字数/160千字

印张/11

版次/2016年5月第1版　2021年6月第6次印刷

出版发行/吉林文史出版社（长春市福祉大路5788号）

书号/ISBN 978-7-5472-1443-5

定价/39.80元

目　录

导言　我们怎样解读陈鹤琴

一　陈鹤琴生活的时代

陈鹤琴出生于浙江上虞百官茅家弄一个杂货商的家庭。他6岁丧父，家境贫困，在幼年时期他就开始帮助母亲挣钱。8岁进私塾，读了六年的"死书"，受的是传统封建思想教育。

中学毕业后，陈鹤琴觉得"要救世济人，非有学问不可；要有学问，非读书不可"[1]。于是便考取了圣约翰大学，后又以优异的成绩考入清华大学。在圣约翰大学学习期间，国家衰弱受辱的现象，给陈鹤琴的心灵以强烈的打击。1914年，陈鹤琴从清华大学毕业以后，获得奖学金赴美留学。在霍普金斯大学，那里的实验精神和新颖的教学法使他受益匪浅。1917年夏，他获得文学学士学位后，由于当时国外心理学正处于鼎盛发展时期，而国内对于心理学并没有形成重视，陈鹤琴认为要想改变中国的现状，非要从国人的心理做工作才可以，于是便到哥伦比亚大学师范学院去学习教育和心理。1918年，陈鹤琴获得教育硕士学位以后，又转入心理系学习。

陈鹤琴回国后，他身体力行，立志要改变中国的教育现状，特别是儿童教育，他就任南京高等师范学院的儿童心理学和儿童教育学的教授。当时陈鹤琴提倡打破传统教育，但是遭到了一些人的误解，认为陈鹤琴是一个只会呼吁不会做实事的"欢呼博士"，这样的讥讽更加地激励了陈鹤琴先生切实改革教育

---

[1]　陈鹤琴.我的半生[M].华华书店,1946.90.

的决心,并开始把各种想法付诸行动,让理论在实践中得到升华,用事实来证明自己想法的正确性。

　　"五四"以后,人们对教育有了一定的认识,但是,对于儿童的教育特别是幼儿教育,并没有被国人所重视。在这样的背景下,陈鹤琴正是以"人家不肯做的,不屑做的,或者是不敢去做的,我偏要来试试看"[1]为信念,怀着极大的创业热忱和改革激情,以严谨的科学态度,辛勤地投身于儿童教育和教育改革的事业中去。为了把幼儿教育建立在可靠的科学基础上,他十分重视儿童心理科学的研究。1920年,他以长子为研究对象,进行了长达808天连续的观察与实验,成为我国以观察实验法研究儿童心理发展的先驱,在观察与实验的基础上,陈鹤琴于1925年先后出版了《儿童心理之研究》《家庭教育》两部著作,特别是《家庭教育》一书对家庭教育有重要的参考价值。

　　1925年,反帝浪潮席卷全国,社会各界对于教育权为租界控制的现象极为不满,要求收回教育权的呼声也是越来越高,但是教育权的收回,必须是权威人士的代表才可以,于是在1928年的时候,经推荐,陈鹤琴到沪办理租界华人教育事宜,经过几番努力,陈鹤琴终于在租界开始了教育的一系列活动。

　　"九·一八"事件爆发后,日本帝国主义加强了对中国的侵略,禁止教师讲授抗日的内容。在强烈的爱国精神影响下,陈鹤琴坚决反其道而行,呼吁教师要加强爱国教育,引导学生走抗日救亡的道路。由于侵华战争的大范围爆发,有大批难民涌入租界,当时陈鹤琴主要负责难民教育工作,他大力提倡拉丁化新文字运动,早在20世纪20年代,他为了普及教育,扫除文盲,就曾花了三年功夫,编了《语体文应用字汇》一书,在此期间他为难民的教育做出了很多的贡献,不仅为难民提供教育的机会,还教授难民学习文字等。纵观陈鹤琴在上海工部局教育处11年的教育活动,他不仅在教育理论上有所收获,取得了在教育

─────────

[1] 陈鹤琴:我对活教育的再检讨,"活教育"批判[N].北京:人民教育出版社,1955.247.

行政管理、学校设计、教学改革、教师培训等方面的丰富经验，而且在政治思想上也得到了提高。为抗日救亡和文化事业的进步做出了自己应有的贡献。

由于陈鹤琴积极参加抗日救亡运动，鼓舞了群众的抗日热情，同时也引起了日伪特务的注意，所以，特务开始了对陈鹤琴先生的迫害活动，陈鹤琴遂离开上海避难。陈鹤琴到达重庆后，国民党政府教育部长有意让他负责国民教育委员会的工作。但陈鹤琴表示："要做事，不做官。"[1]他决定去江西办学，实践自己的"活教育"理论。

1945年，日本帝国主义宣布无条件投降。陈鹤琴对于胜利后中国教育的发展抱有很大的希望，于是他回到上海，极力争取将国立幼师的校址迁移至沪。但是国民党非但不允许，还要将师范部改为省办，这使陈鹤琴感到无比的失落，同时也让他对于国民党的领导失去了信心。

1946年至1949年，在中国共产党的影响下，陈鹤琴逐渐地认识到国民党反动统治的腐朽，认识到在国民党的统治下，中国社会并没有脱离半封建半殖民的状况，教育依旧实施的是传统的封建教育，国家仍旧是腐败落后的。于是，他不顾国民党反动派的打压，积极投身于民主教育运动中，积极地为民主教育运动而奔走。正因为陈鹤琴如此地忠于中国共产党，国民党反动派多次对他实施恐吓，要求他退出民主教育运动，但是，这样的行为更加地让陈鹤琴坚定，他认为，国民党不能给中国人民带来任何的福利，也不能从根本上改变中国的教育，所以，无论打压活动多么残忍，陈鹤琴先生依旧积极投身于民主教育运动中来。

1951年，陈鹤琴和陶行知等教育家受到了不公正的批判，于是他的教育思想被全盘否定，而且还被扣上了"买办资产阶级"的大帽子。曾一度强迫他做检讨，承认自己的错误。

---

[1]　陈鹤琴：陈鹤琴文集（下册）[M]. 南京：江苏教育出版社，1988. 883.

批判的活动并没有因为时间而有所收敛，而是越来越肆意妄为。在1959年的时候，陈鹤琴又被强加上"反对党、与党争夺教育事业领导权""文化买办、冒牌学者""散播活教育毒素"等一系列罪名，于是他被迫离开了他热衷的教育岗位。

粉碎"四人帮"以后，陈鹤琴的贡献得到了国家和人民的认可，曾经强加的罪名也一并平反了。从1979年开始，他出任江苏省人大常委会副主任，又先后被选为中国教育学会名誉会长、全国幼儿教育研究会名誉会长、江苏省心理学会名誉会长。在年迈之时，还依旧热衷于儿童的教育事业。1981年，他在病榻上为庆祝六一儿童节题词："一切为儿童，一切为教育，一切为四化。"[1]表达了他对国家、对教育、对儿童的无比热爱之情。

二　陈鹤琴的教育理论与实践

陈鹤琴在教育改革中一直身体力行，努力改变现状，立志做出一番事业。陈鹤琴的教育思想与实践是极其丰富的，主要涉及幼儿教育、小学教育、师范教育、家庭教育、新文字运动、测验运动和难民教育等等各个方面。

家庭教育是陈鹤琴教育思想的重要组成部分。陈鹤琴指出孩子生来是无知识的，对于好坏缺乏辨别能力。孩子的发展不仅受遗传和环境的影响，还受教育的支配。所以在孩子小的时候，父母对于孩子的教育对于孩子的未来发展占有决定性的地位。

陈鹤琴认为父母要重视儿童的教育，要掌握教育儿童的原则。因此陈鹤琴提出了儿童在不同方面上教育的具体相关原则。目的是让父母能够对自己的子女有正确的教养方法。此种观点在后面《家庭教育》里，将会做详细的介绍。

──────

[1]　陈鹤琴:陈鹤琴文集(下册)[M].南京:江苏教育出版社,1988.898.

陈鹤琴认为做父母的一定要"以身作则"，为孩子树立良好的学习榜样。在婴幼儿期，父母是孩子学习的主要榜样，父母的一举一动会直接影响到孩子的，即使进了幼儿园父母对孩子仍然具有重要的影响，所以做一个好的父母是十分必要的。因此，陈鹤琴认为父母要尊重孩子，要平等地对待孩子，尊重孩子的人格。陈鹤琴先生主张，父母要做孩子的伴侣，特别是父亲一定要多与孩子接触，要经常与孩子进行游戏，这样既可以增加父子之间的情感，也可以让父亲在游戏中对孩子进行教育与指导，能够对孩子不正确的思想与行为进行及时的指导、纠正。

陈鹤琴对于幼儿教育研究是从观察和实验入门的。1920年，他首先以自己的第一个孩子一鸣为对象，开始他的研究工作。他从孩子出生那天起就逐日对其身心变化和各种刺激反应进行周密的观察和实验，并做出详细的文字和摄影记录。陈鹤琴先生当时在南京高等师范学校任教，为掌握第一手资料，他特意请假在家，将一鸣每天从早到晚的活动，都做了摄影与记录。为了得到表情的材料，他逐一地给一鸣尝甜的、酸的、苦的东西，以观察其表情变化。他还把一鸣抱到课堂去给学生当活教材。一鸣自幼喜欢画画，有时边画边说，他就把一鸣作画的日期、年龄及对画的解释都记下来，并完好地保存了100多幅。他连续花了808天的工夫，积累了大量的材料，具体剖析了孩子的身体、动作、心理、性格和言语等各方面的发展规律。经过3年的观察和实验，写成了《儿童心理之研究》和《家庭教育》两本著作。这两本书至今仍有重要的指导意义。

受杜威实用主义的影响，他开始将儿童教育生活化。后来又经陶行知的"生活教育"的熏陶，在长期的研究与实践中产生了"活教育"理论。"活教育"是他幼儿教育的主体。陈鹤琴提出"活教育"的口号，试图用"活教育"来改革中国的旧教育。陈鹤琴曾请陶行知作了中华儿童教育社社歌，这个社歌体现了他在儿童教育上的一贯主张。歌中所谓"发现小孩""了解小孩""解放小孩""信仰小孩""变成小孩"，才能教育小孩，是一套完整的儿童教育原则。

"活教育"是陈鹤琴教育思想的核心。"活教育"的内容十分丰富，主要包括目的论、课程论、教学论三大部分。他的提出来源是中国传统教育的弊病，以及当时我国所面临的民族生存危机的现状。陈鹤琴明确提出"活教育"的目的在于："做人，做中国人，做现代中国人。"其中，"做现代中国人"包含五方面的条件：第一，要有健全的身体；第二，要有建设的能力；第三，要有创造的能力；第四，要能够合作；第五，要乐于为社会服务，为人民服务。很显然，这五个方面的条件，体现了德智体全面发展的要求。针对传统教育"把书本作为学校学习的唯一材料"，把读书和教书当成了学校教育活动内容的实际状况，陈鹤琴将"大自然、大社会都是活材料"概括为"活教育"的课程论。"活教材"并不是否定书本知识，而是强调儿童与自然、社会的接触，在亲身观察和活动中获得经验和知识的重要性，主张把书本知识与儿童的直接经验相结合。如给儿童讲鱼，就要让他看到真正的鱼，观察鱼的呼吸、游动，甚至解剖鱼体，研究鱼的各部分。这样获得的知识真实、亲切，而且还能激发儿童的学习兴趣和研究精神。

陈鹤琴的"活教育"在江西不断地得到发展与推广，他还主编了《活教育》杂志，向全国推行"活教育"的经验。抗战胜利以后，陈鹤琴经过力争，将国立幼师专科迁至上海，改名为国立幼稚师范专科学校。陈鹤琴还在上海创办了市立女子师范学校，编写了《活教育——理论与实践》《活教育的创造》《活教育的教学原则》等书。

随着课程内容的改变，其组织形式也因之变更。陈鹤琴认为，"活教育"的课程形式应该符合儿童的活动和生活方式，应该符合儿童与自然、社会环境的交往方式。因此，"活教育"的课程打破以学科组织的传统模式，而改成活动中心和活动单元的形式，具体包括五方面的活动，这五种活动犹如人手的五根指头是相连的整体，所以又称为"五指活动"。"活教育"教学论的基本原则是

"做中教，做中学，做中求进步"。陈鹤琴提出的"活教育"理论具体有17条教育原则，每一条原则都是来源于教育实践中，具体内容在下面将会做详细的介绍。"活教育"是一种有吸收、有改造、有创新、有中国特色的教育思想，曾在历史上产生过重要影响，对当前的教育改革依然富有启迪。

为了开创我国幼儿教育，探索儿童身心发展的特点与规律，陈鹤琴于1923年春，在自己的家里开办了一个实验幼儿园，1925年发展成为中国现代第一所幼儿教育科学实验园地——鼓楼幼稚园，陈鹤琴为园长，聘请张宗麟等为研究员。1927年，他根据办园的经验进行了总结，在《幼稚教育》创刊号上发表了《我们的主张》，提出了15条关于创办适合我国国情和儿童特点的幼稚园的具体主张，每一个主张都紧扣我国的教育实情，对创办新式的幼稚园有指导作用。同年，陶行知创办了南京晓庄师范学院，陈鹤琴任指导员及幼稚师范学校的院长，他们共同创办了樱花村幼儿园，从事推广乡村幼稚园的工作。从1928年到1939年，陈鹤琴在主持上海公共租界工部局华人教育处工作期间，陆续创办了8所小学，1所女子中学，并在工人区开设职工夜校。

在江西，他把自己反对传统教育而提出的"活教育"理论在江西省立实验幼稚师范学校全面实行。当时，江西政府只拨给该学校一小部分资金，这些钱只够建一栋宿舍的，但陈鹤琴先生并没有被眼前的困难所难住，而是经过不懈的努力，于1940年10月1日，在极其艰难的条件下，在江西创办了我国第一所公立幼稚师范学校。学校开学伊始，陈鹤琴带领全校师生开山筑路。他提出了"手脑并用，文武合一"的口号，鼓励学生在学习之余，要自己动手砍柴、种菜和洗衣服等，边学习边劳动。在不到一年的时间里，在陈鹤琴与全校师生的共同努力之下，培养幼教园丁的园地就展现在世人面前了。在1943年，江西省立实验幼稚师范学校改为国立幼稚师范学校，同时增设幼稚师范专科，专门培养幼稚师范学校的教师。

1947年夏,陈鹤琴鼓励并资助幼专的学生,利用暑假去大场办托儿所,推广乡村幼稚教育。建国后,他回到南京,把主修科学校并入南京师范学院,改为幼儿教育系,开创了我国幼儿教育进入大学系列的时期。在任职南京师范学院院长期间,他还亲自任儿童心理学的教授,并亲自整理和编写《中国学前教育史》。

在陈鹤琴年迈之时,他依旧热爱教育事业,即使于病榻之上,也不忘关心全国儿童的教育。30年来他一直保持着与"鼓楼幼稚园"儿童的联系,经常找时间去给他们讲故事。

1982年12月30日,陈鹤琴在南京逝世,终年91岁。在他的一生中,从幼儿教育到小学教育,从家庭教育到学校、社会教育,从婴儿教育到特殊儿童的教育,从抗日救国教育到文字改革的运动,他一直不断地研究与实验,总结出了丰富的教育理论。他的教育思想具有创造性、科学性与进步性,特别是他的"活教育"理论,对于中国的教育具有重要的指导作用。

三 陈鹤琴教育思想的历史使命

迄今为止,中国幼儿教育已有百年的历史。在这一百年里,我们不断学习外国先进的教育经验,不断改进,立志于中国幼儿教育的本土化。在19世纪,我们全盘学习日本;五四运动时期,我们学习杜威的实用主义;新中国成立以后,我们模仿苏联的教育模式;改革开放以后,我们大量借鉴外国的教育理论与经验,蒙氏教学法、多元智力理论等成为教育的主流形式。在模仿的过程中,中国的幼儿教育已是不成体系:教育目标盲目,教学内容凌乱,幼儿园的课程与教学更是混乱。各国教育的缩影夹杂在一起形成了中国当时的教育,这已经脱离了教育的最终目标。

　　中国的幼儿教育在不断的发展与改革过程中，并没有完全脱离国外教育的文化影响。在当今的幼儿园，还存在很多的国外教具、国外的故事、国外的课程模式等。随着中国的不断强大，走向世界是必然的发展趋势。在中国与外国的合作中，国外的文化对于中国幼儿教育的影响也是必然的，为了能阻挡国外文化的冲击，实现中国幼儿教育本土化是必须要完成的使命。陈鹤琴从国外学习回来，目睹了中国幼儿教育的发展现状，他毅然决然地承担起发展中国幼儿教育的历史使命。与此同时，陈鹤琴在不断汲取外国先进教育的过程中，运用实验的科学方法改革和发展了幼儿教育的课程、教学内容、教学目标等，还积极提出推进幼儿教育本土化的进程。

　　综上，我们会发现陈鹤琴的儿童教育思想是个人与时代共同的产物，是中西文化融合的结果，是理论与智慧在实践中的升华。陈鹤琴立足于中国的国情，为改革中国儿童教育的弊端，不断吸收国内外先进的教育思想，本着科学的精神，对儿童的心理、家庭教育、幼儿园的教育进行了长期的实验，在实验中探索，在探索中改革，在改革中创新，在创新中实践，在实践中发展。因此他创建了一套科学的儿童教育体系与理论。在不断努力中，陈鹤琴先生立志于要终身为儿童教育服务，为儿童教育贡献自己。

名著之一：《儿童心理之研究》

我们应研究儿童的心理，施行教育应当根据他的心理才好。

——陈鹤琴

　　幼儿期是人生全部发展过程中非常重要的一个时期，是各个方面发展的黄金期，是健康成长的决定期。因此，幼儿时期的教育对于个人和国家都是非常重要的。建国以来，国家对于儿童教育非常重视，当时幼教事业处于蓬勃发展的时期。但好景不长，很快爆发了"文化大革命"，经过"文化大革命"的破坏，幼教事业遭受到了前所未有的浩劫。幼儿园的教学不再以儿童本身特点为基础，幼儿园的教材、教具等等都被不同程度损毁，幼儿活动也开始严重脱离幼儿身心发展的要求。长期下去，幼儿园的教师开始认为儿童与成人是一样的，用成人的教育观念来教育儿童，这给儿童的心理造成了严重的伤害。面对当时幼儿教育的浩劫，陈鹤琴提出了儿童心理发展的特点，并根据具体的生活实例加以解释，收录于《儿童心理之研究》这本书中。但在后来的《家庭教育》一书中对于儿童心理发展特点做了补充，相比较更完整，更能说明儿童心理发展的特点，所以关于儿童心理发展的特点，将会在《家庭教育》里做详细的论述，以供大家参阅。

　　陈鹤琴是我国著名的儿童心理学家，他的幼儿教育思想是以儿童心理为基础的。陈鹤琴指出，幼儿教育是一门科学，是基础教育的基础，要想搞好幼儿教育，就要十分重视和切实开展对幼儿教育的科学实验。他在《发展幼儿教育的几点建议》中指出："要对于作为幼儿教育基础的儿童心理做全面、系统、切实的科学实验。儿童不是成人的缩影，而有他独特的生理、心理特点的。"

　　儿童的心理是相当复杂的，准确地了解儿童的需要和特点，从而正确地认识儿童，这是儿童教育的基本前提条件。陈鹤琴曾亲自深入到儿童世界之中去，通过认真的观察研究，获得了丰富的第一手资料，从而对儿童身心发展的特点有了科学的认识。

　　1920年冬天，陈鹤琴以自己的第一个孩子为观察对象，从出生开始每日对其身心变化等进行周密的观察和实验，并做了详细的记录。历时808天，积累了大量的材料，具体可以分为身体、动作、游戏、惧怕、学习、言语、绘画等各方面的发展规律，于1925年把材料整理汇编成《儿童心理之研究》一书。

一 为什么教育需要研究儿童的心理

（一）社会方面

国家文化、科技与经济的发展都是人类智慧的结晶。近代中国的落后，从根源上来说，是封建统治束缚了人们智慧的发展，国家的兴旺与国民的智慧水平是分不开的。因此，社会要积极开展提高智慧教育，为国家的发展奠定坚实的基础。陈鹤琴认为，智慧的培养，要从儿童时期开始。如果能够根据儿童的身心特点进行教育，就会起到事半功倍的效果。

教育的最终目标是培养健全的社会人。在整个社会教育的过程中，儿童教育占有重要的地位，儿童教育的好坏直接影响整个教育的效果。而儿童教育的实施，是要根据儿童的心理特点的。只有根据儿童特点进行的教育，培养出来才会符合社会要求健康人的标准。因此，研究儿童的心理，对于社会来说是必要的，是一项必须进行的艰巨而长期的事业。

（二）家庭方面

家庭教育具有启蒙性和终身性的特点，家长对于子女的教育决定孩子一生发展的方向与质量。陈鹤琴对当时家庭教育的情况进行调查，结果显示，家长对于子女的驾驭缺乏经验，忽视子女的心理特点，这样才导致了当时儿童教育的落后。

当孩子不听话时，父母不知道是否要说道理给他听还是要强制他服从。当孩子哭闹时，父母往往不晓得孩子是想要什么，还是不想要什么了。这种种情况都是一个婴幼儿在日常生活中的平常表现，而且这样行为出现的频率还很高。但面对上述种种的反应，有的父母无计可施，不能通过正确的方法满足孩子的需要与要求。如果父母晓得孩子在不同年龄阶段、不同环境中的心理特点，就会很好地处理以上的各种情况了，对于孩子的正确要求会给予最恰当的满足，对于不正确的要求，会做出最合理的纠正，这不仅是在孩子的感情、观念上赋予了父母的关爱，而且在最适当的时刻实施了最科学的教育，对孩子和父母都是大有裨益的。所以，研究儿童的心理对于家庭来说，是有利而无害的。

（三）学校方面

对于开始接受学校教育的儿童来说，学校教育对于儿童的发展有重要影响。如果不顾儿童特有的实际情况，违背他们的年龄特征和心理发展规律，采取"一刀切""一锅煮"的教育方法，很可能事倍功半，适得其反。相反，如果掌握儿童心理学的知识，研究儿童心理，理解孩子心理发展的规律和年龄特点，并结合每个儿童的实际情况，从实际出发，采取儿童能够接受的内容和方法有针对性地进行教育，有的放矢地进行教育，就能达到因材施教的目的了。

儿童的年龄与心理特点，决定了教材、学习内容的范围。只有教育者了解儿童的心理，才能根据不同年龄阶段的儿童的特点，编制适合儿童心理发展的教材与课程，这样的教育无疑会起到很好的教学效果。因此，研究儿童的心理，对于学校以及教育工作者来说是必要的。

二　儿童身体、动作发展特点

陈鹤琴先生对于儿童心理的研究，材料来源于对长子的观察与实验。从长子降生的那一刻开始，陈鹤琴就对其进行了详细、有步骤的观察，首先是身体与动作的观察：

（一）儿童身体的发展

对于儿童的身体发展，陈鹤琴主要是从生长和感官发展两个方面进行研究的。

1. 生长

刚刚出生的婴儿，在头一年身体生长的速度是最快的，一直到十一二岁的时候，生长的速度会逐渐地减慢，这样的生长会持续到二十岁左右。在陈鹤琴看来，儿童身长的增加要较之体重来得早，来得快。因此，身长正是衡量成长的最好标准。

陈鹤琴认为儿童的体重是易受环境影响的。如果儿童得不到充分的营养和休息，这个儿童就会变得瘦弱。男孩在十四五岁、女孩在十二岁左右时，体重增长的速度要比以前的阶段相对快些。

对于牙齿的生长，陈鹤琴先生也做了研究：婴幼儿刚开始只有牙床，没有牙齿。大概到六七个月的时候，乳牙开始萌生，六七岁的时候，长出第一颗恒磨牙。

2. 感官的发展

刚出生的儿童，除了拥有本能的反应以外，是没有任何经验知识的。随着儿童的发展，知识就逐渐地丰富起来了。陈鹤琴先生认为，儿童知识经验的丰富，主要是通过视、听、触三种途径而增长的。

对于视觉的发展来说，儿童在刚开始的时候，视力是没有的，对于事物是视而不见的，随着慢慢地成长，视力开始发展了，所见事物逐渐清晰，可视的范围也逐渐在扩大。陈鹤琴认为，孩子大概先是能追看灯光转动，其次能追看人转动，最后是追看普通物体的转动。儿童的视力范围是由近处的亮物体或者是人，到远处的大物体发展的。婴儿在156天左右，开始对颜色产生偏爱，看见有颜色的东西就会笑起来，眼睛同时也会睁得很大，身体还会随之向相同方向倾斜。

关于听觉的研究。陈鹤琴认为刚出生的婴儿都是聋子。有很多的研究者对新生儿进行试验，都证明了陈鹤琴的说法是正确的。陈鹤琴先生指出，婴儿的听觉发展一般需要经历五个步骤：第一步是发生听觉；第二步是能感觉到各种平常的声音；第三步是寻找声音；第四步是认识声音；第五步是辨别声音的性质。

关于触觉的发展，陈鹤琴认为视觉和听觉是专门的感觉器官，而触觉恰恰相反，它可以说全身都有触觉的能力，相区别的只是敏锐性的不同。关于最敏锐的触觉，陈鹤琴指出是舌，舌的上面和舌尖可以恰当地对刺激做出反应。在婴儿出生的第一天，婴儿的鼻孔薄膜的触觉也会很敏锐，只要有东西刺激到鼻孔，婴儿就会立刻有皱眉等行为的出现。

（二）儿童动作的发展

儿童经验增长的主要来源是动作的产生。如果儿童没有动作，就不会接触到事物，也就不会产生对于事物的思想。儿童只有通过动作，才得以认识周围的事物，了解事物的属性，知识也会相应地得到增长。儿童在刚出生的时候，只拥有简单的反射动作，身体各部分的动作是在成长中不断发展的。对于儿童动作的发展，陈鹤琴主要从口、头、手、臂、坐、立、爬、足、走、跳和腿这几个方面进行研究的。下面对于陈鹤琴先生的研究成果，我们在这里简要地介绍一下：

1. 口的动作

出生的第一天，婴儿只具有吮吸动作，在第二十天的时候，咬的动作开始发生了。随后，咬的动作逐渐地完善，咬的对象也相应地扩大了，一开始的时候，只是咬乳头，后来看见手指或物体也会咬。在120天左右的时候，婴儿会出现吮吸手指的动作，饥饿的时候就会吮吸自己的手指，后来逐渐地吮吸自己的拳头。在第260天左右的时候，婴儿有了咀嚼的动作，开始能咀嚼食物了；在418天左右的时候，婴儿也逐渐地发展了吐物的动作，他会把嘴里不喜欢的食物吐出来。最后，吹的动作也会相继地发展起来。

2. 头的动作

婴儿在开始的时候，头能支撑片刻，之后逐渐会摇头、举头，随着头颈肌肉的发展，婴儿可以在躺着的情况下抬起头来。紧接着就是摇头、点头的动作的发展。而且，婴儿能把头和口、头和身、头和眼之间做很好的配合动作。

3. 手的动作

婴儿在第28天的时候，开始有握力了，如果这个时候给他物品，他会握住，用以支撑自己的身体。在34天的时候，婴儿的拇指开始发展起来，孩子会把拇指放在四指的外边，用来形成拳头。接着孩子的左右臂开始有动作发生了，如果刺激孩子身体的左边，孩子的左臂就会发生反应，反之，则会运动右臂来做出回应。在第108天的时候，孩子有了抓的动作。接着过了50天左右，孩子就可以拿住东西了，接着就是手指、手腕都得以发展。这样孩子可以顺利地完成身体各部分与手之间的协作动作了。从而孩子自己可以进行吃食物、拿东西、玩玩具等一些简单的活动了。

4. 臂的动作

孩子在一开始的时候，手臂会往上交换地互相展动。在第96天的时候，孩子可以很好地运用手臂了，这个时候他会推开不喜欢的物品。在一周岁的时候，孩子能够四指撑起，试图使自己起来，随后可以爬行。在一周岁半的时候，孩子可以利用手臂进行推拉动作，能够使静止的物体运动起来，并以此为游戏不断地玩弄起来。

5. 坐的动作

在快到100天的时候，孩子倾向于坐着，他会试图使自己坐起来。刚开始坐着的时候，他的背是不能够直立的，随着发展逐渐地直立起来了，随后，儿童可以自己独立地坐着玩耍了。

6. 立的动作

婴儿在40多天的时候，在成人的帮助下可以直立片刻。在269天的时候，能够自己扶着东西站立，在一周岁多的时候，孩子可以自己站立起来了，而且站立的时间会相对久一些。

7. 爬的动作

婴儿在刚开始的时候，可以初步地利用手臂来移动自己的身体。接着就是借助两手的支撑来向后匍匐。快到一周岁的时候，孩子爬行的动作发展得更好，可以爬过较小的障碍物了。

8. 足的动作

婴儿生来就可以收缩脚，这是一种先天的防御性反射。随后孩子可以踢脚、举足，甚至是玩起自己的脚丫来。在一岁半左右，孩子可以借助外力的帮助进行短时间的行走。

9. 走的动作

刚开始的时候，儿童是扶着东西走，这时候的行走，孩子倾向于走圈。随着走的动作的不断发展，孩子走的动作越来越多，相继地有向后、向左右行走，甚至还可以踮起脚来行走。

10. 跳的动作

成人扶住婴儿的腰部，孩子就会试图屈下腿再站起来，这就是跳跃动作的开始阶段。紧跟着孩子的跳跃动作越来越频繁，他们从心理上喜欢上跳跃了。逐渐孩子会跟随声响有跳舞的动作，随后会跳高等。这表明孩子的跳跃动作已经趋于完善了。

11. 腿的动作

随着跳跃动作的出现，孩子的腿部肌肉会越来越发达。他可以骑在别人身上玩骑马的游戏，可以自由、独立地完成蹲坐、跨越、跑步等一些列动作，这都是腿部动作发展完善的表现。

陈鹤琴对于儿童身体的发展以及身体动作的发展做了详细的观察与记录。完整地记录了一个儿童成长的全部过程，对于每个阶段的变化，他也做了细致的说明。

虽然陈鹤琴的资料来源于30年代，但本书中所叙述的儿童身体的发展以及动作发展与现时儿童的发展是一致的，并不是截然不同的，只是动作出现的时间上会有不同。但就某个时期的儿童来说，动作出现的时间也会因人而异。因此，陈鹤琴先生的资料，对于当今的社会、教育工作者以及父母来说，具有一定的指导作用，是大有裨益的。

三　儿童言语发展的特点

在儿童时期,人类并不会语言。因此,这时期的沟通只能借助于动作。但随着生活环境的复杂,简单的动作沟通是远远不够的。这就要求儿童要学会使用语言。只有学会语言,儿童才能将自己的思想、情感传递给亲人或者伙伴。儿童对于言语的掌握,从某种意义上来说代表着能力的发展,也是社会化开始的一种表现。

由于语言的独特性和儿童的特点,使得每位家长和教育工作者,都不自觉地关注儿童语言的发展。也正是由于语言和儿童社会化进程的关系十分密切,语言学家、儿童发展心理学家、儿童教育家和一些社会学家才都会对儿童的语言发展产生浓厚的学术研究兴趣。儿童语言的发展,其实不仅仅是一个语言问题,透过其语言发展可以透视到儿童心理发展和儿童社会化发展的进程和规律,并可以据此制定各种有效的教育措施,以保证这一进程向着当代人经过科学规划的正确方向发展,只有推进语言的发展,才能得以促进社会发展的速度和质量。

儿童心理学家陈鹤琴先生对于语言也进行了大量深入的研究,他主要从语言的发展、说话的条件、言语发展的途径、儿童掌握词汇的知识、研究儿童言语方法五个方面来进行研究。

(一)儿童言语的发展

陈鹤琴先生从自己长子一鸣第99天能够发出"啊"的声音开始,一直到2岁零5个月进行简单对话的时候,进行了长期细致的观察与记录。从大量的资料中总结出儿童在初次说话的时候,往往都会说错话,不能很好地掌握所说字词的正确发音。但作为父母的在这个时候，不要因为孩子发错了音就用以取乐，正确的方法应该在孩子发错音的时候，立刻给予矫正，在刚学会说话的时候，是很容易矫正错误发音的。陈鹤琴还指出，在孩子刚学会说话的时候，汉语与外语比较更容易掌握，因为外语中有更多的"s"、"th"等的发音，而汉语则单个音节的字更多些，孩子说起来会相对容易些，掌握的难度也就会小一些。

在陈鹤琴的研究中，他指出在儿童学习语言的时候，父母要以身作则。因为孩子从小具有很强的模仿性，他会模仿成人的话语，模仿成人说话的态度、语气，如果成人能够吐字清晰，孩子也会把话讲得清楚；如果成人能够有礼貌地说话，孩子也会有礼貌地讲话，所以，父母要给儿童做一个学习语言的好榜样。

（二）儿童说话的条件

婴儿刚降生的时候，是不能够言语的。周围的成人每天都用言语交流，如果言语只受环境的影响，那为什么婴儿不能够在降生以后短时间内说话呢？这就说明，婴儿的言语不仅受环境的影响，还受生理和心理发展的制约。

1. 生理条件

从生理上来说，婴儿之所以不能说话，是因为生理结构还没有发展完善。人言语的结构分为接音部（包括耳和听觉神经末梢）、联音部（包括大脑的听觉区和言语运动区）以及发音部（包括咽喉、气管、腭、舌、唇、齿）三个部分。这三个部分是协同合作的，相互之间紧密联系，任何一个部分发展不完善，都不能言语。而这三个部分的完善是不同步的，是需要一定时间的。所以刚出生的婴儿，即使是在言语外界环境充裕的条件下，也是不能说话的。这主要是受生理结构制约的结果。

2. 心理条件

婴儿言语的产生是表达情感、思想的一种手段。如果婴儿完全没有思想或者情感，那么即使生理上发展成熟，言语也还是不能够产生的。

总之，婴儿的言语首先是受生理和心理共同制约的，在生理和心理上逐渐达到成熟以后，环境则起到了直接重要的影响。

（三）儿童言语发展的途径

儿童在出生六个月的时候，逐渐有了听力，能够对外界声响做出正确的反应。而且此时的儿童能够用哭声的不同来表达自己的要求。在一岁至一岁半的时候，当儿童能够走的时候，言语的发展速度就会较从前快了。这个时期的儿童，喜欢说重音的字，比如"妈妈"等。这个时候，儿童能够很好地模仿周围人说过的词。在两岁左右的时候，儿童就能够独立地使用简单的短句与人进行简短的语言沟通了。

（四）儿童掌握词汇的知识

陈鹤琴发现，儿童的年龄与词汇量的关系是显著相关的。就是说，随着儿童年龄的增长，儿童对于词汇的掌握也在相应地增多。陈鹤琴还在词汇类别上对儿童掌握的词汇量进行研究。研究的结果揭示了儿童较之其他的词汇，名词是使用最多的，其次是动词的使用。但随着年龄的增长，名词的使用逐渐地减少，动词和形容词的使用开始更多更频繁了，副词、代词、介词、连词和叹词的使用会相对地少很多。

（五）研究儿童言语的方法

随着儿童教育的发展，儿童言语的研究也越来越受到重视。但当时在中国对于儿童言语的研究是不多的。国外对于言语的研究主要集中于儿童言语的年龄、儿童学习言语的途径等问题上。陈鹤琴认为只要是研究儿童的言语，就要有科学的研究方法，才能得到科学有效的结果。科学的方法无外乎有四种类型，这四种类型他都做了说明：

第一种方法是长期的研究法。德国的儿童心理学家从自己的孩子出生一直到三岁，每天都记录言语的变化。这种长期的研究方法可以从儿童发出的第一个声音开始，接着是单字的掌握，最后是字句的产生三个阶段来研究。

第二种研究方法是逐期的研究法。逐期的研究方法就是把记录的时间定为儿童生日的前后两三个星期之内。主要从儿童回答问题的字词、儿童闲谈的字词、儿童遇见陌生事物时的字词、儿童同伙伴交往的字词四个方面来记录言语的变化。只要把这四个方面按照时间的顺序整理，就会得到儿童言语的发展变化规律了。

第三种研究方法是一天研究法。所谓的一天研究法就是研究者选定一个普通的一天，从儿童醒来到睡去所使用过的语言都无一遗漏地详细记录下来。然后按照词汇的分类进行整理。

第四种研究方法是研究句词意义的研究法。这种方法就是研究儿童对于使用言语的理解力。收集儿童固定一段时间内使用句词的情况，询问儿童这些句词的意义，来衡量儿童言语的发展情况。

陈鹤琴先生对于儿童言语的观察记录是细致入微的。虽然在某些方面相对于现代的言语研究来说，是落后的、有不足之处的，但其中的研究思想和语言出现的阶段对教育者仍是有一定的指导意义。从陈鹤琴的研究中，我们知道了儿童的言语一定要各方面的条件都具备的情况下才可以发生，儿童才能健康地说话，所以，儿童言语的教育一定要兼顾各个方面的发展，从而使儿童顺利地完成社会化。

四　儿童学习的研究

　　学习是每个人生命全程的主旋律。古语有云"活到老学到老"，也恰当地道出了学习的重要性与终身性。学习的广义概念指，由于经验而发生持久的适应性行为的变化。而狭义的学习就仅仅指学生的学习。学习是一个复杂的过程，每个人生阶段学习的主题也是不尽相同的，如果想对学习进行全面的研究，那势必要从生命开始直至生命结束才可以。陈鹤琴认为学习的研究是需要长期而精密实验的，所以他在这本书里只研究了儿童的学习，试图以此来揭示儿童学习的途径、儿童学习的时间分配等知识。

　　在介绍陈鹤琴的学习理论之前，让我们共同来分享他的两个关于学习的实验性研究。

　　第一个实验"镜画试验"。这个实验主要是关于感觉动作学习方法的。实验的对象是作者的两个侄子，一个13岁，一个11岁。实验的过程就是把星形图用图画钉钉在图画板上，把镜子的架子刚刚放在受试者的对面和图画板的外边，镜子与桌子面约成80度，把上边的东西都安置于桌子上以后，叫受试者看镜中星形图，并叫他用铅笔从星形图的横线处画起，一直画到横线处为止。所画的线，必须刚刚在星形的外边。这个实验的结论根据学习的曲线可以看出，从第1天到第45天，是进步最快的时候，从45天开始就显示出了退步，而在前13天的学习进步是最快的。之后的学习退步主要是跟儿童的兴趣减少有关。所以实验的结果告诉我们，儿童的学习要关注于儿童的兴趣，只有能够引起儿童兴趣，引起注意的学习，才会收到良好的效果。

　　第二个实验是"理解性学习法"。理解性学习法是由美国人丕德生发明的。陈鹤琴先生在这里引用了这个实验，研究儿童学习。实验的过程就是说出来一系列的词，例如"父、母、伯、叔、兄、弟、姐、妹"等，然后再列出与之数目相等的数字，把词语数字进行无顺序的匹配。并且这种匹配是在整个实验的过程中保持不变的。主试者要先说出所有的词，让被试者猜相匹配的数字，在猜的过程中主试者会提醒结果是否正确，如果正确就要牢记这个匹配的组合，直到所有的组合都被猜中为止。被试者在实验的时候还要记述被试回答的时间、错误和次数单个方面的信息。

对于儿童的学习，陈鹤琴认为儿童长期的休息会影响学习的速度和正确率，所以根据这个结论，儿童的寒暑假时间是不能太长的，只要达到完全的身体与脑力上的休息就好。对于儿童的学习是应该采用继续学习法还是交替学习法而言，陈鹤琴先生并没有给出具体的观点，只是对于两种学习方法的实验做了简要的解释说明，具体的实验可以参见《陈鹤琴全集》第一卷，第337页，这里不做赘述，所以，要求我们要根据实际情况进行总结。

陈鹤琴认为儿童的学习应该分期进行教授，不能在短时间内教授给儿童所有的学习内容。儿童的年龄愈小，分期就应该愈多，每期的内容性质不应该有太多的重复，应避免造成儿童记忆的混乱，大量学习内容的堆砌，是不利于儿童学习的。

儿童学习的教授方法应该是全体法与分段法并用。先用全体法把所要教授的内容材料细致地讲解给儿童听，再用分段法把教授的难点与重点另外再重点学习，最后再用全体法将全部内容整体梳理在一起，以便儿童形成相关知识的整体框架。这样既利于儿童的学习，又给教师在教学上带来了便利。

在学习中，教育者倾向于儿童能够在最短的时间内最好地掌握所学的知识内容。陈鹤琴指出，要想让儿童很快地学会某种知识，就一定要儿童有清楚的学习目的，能够预见自己的学习结果，同时在学习中要保持着很高的学习兴趣，不断地增强信心，相信自己能够通过不断努力得到满意的结果。教师必须在学习的过程中及时指导儿童认识什么是正确的学习方法，什么是错误的学习方法，并且放弃错误的学习方法，不断地改进正确的学习方法，使之更有效地为学习服务。

陈鹤琴先生关于学习的研究是在整理前人研究结果的基础上，发展了相关的实验。从总体上来说儿童的学习应该是分期的，采用小步子原理，制定小的目标，使之逐渐地接近整体的大的目标；还应该在儿童的学习中，重视儿童兴趣的重要性，应该制定出提高不同年龄段儿童的兴趣的方案，使儿童在整个学习的过程中，始终保持着较高的学习兴趣。虽然陈鹤琴先生对于儿童的学习时间的分配没有明确的观点，对于儿童的学习没有给教育工作者提供明确的建设性观点，但他认为这是一个教育工作者必须要承担研究的问题，必须在科学的研究上得到有利于儿童学习的理论观点。儿童的学习是一个复杂而繁重的过程，每一个人都应该为了儿童的学习贡献自己的绵薄之力，从实际行动上关心儿童语言的教育。

五　儿童惧怕心理的研究

陈鹤琴先生关于儿童惧怕心理的研究曾经在1921年、1922年发表在南京师范学校《教育汇编》中，后被整理收录在《儿童心理之研究》这本书中。

儿童生来是没有知识的，对于世间的万物没有概念与认识。但为什么儿童会惧怕一只猫、一只狗呢？为什么儿童对于陌生人会产生惧怕呢？为什么儿童会怕雷声呢？这样的种种问题一直都萦绕于陈鹤琴的脑海中，在对于一鸣的试验中，他产生了研究儿童惧怕心理的兴趣。他致力于解释儿童的惧怕心理是先天就有的，还是后天经验得来的，寻找避免产生惧怕心理的方法，探析儿童惧怕心理的一般性规律，以及整理引起儿童惧怕心理的事物的类别。

谈到惧怕，就有必要先谈及一下关于儿童惧怕心理的一个学说。霍尔主张"复演说"，认为惧怕是儿童对于祖先惧怕的一种复演的表现，儿童之所以惧怕，是因为他的祖先也产生了惧怕，儿童的惧怕心理只是祖先惧怕行为的一种再现。对于霍尔的"复演说"，陈鹤琴用三个观点来批评了此种观点的不合理性。

（一）关于惧怕

1. 天赋的惧怕

陈鹤琴根据普莱尔用人为的方法孵化鸡的实验，来说明惧怕是先天就有的。刚孵化的小鸡并没有看见过鹰，但它们总是不学而能地惧怕起鹰来。达尔文在观察自己孩子的时候，发现施以孩子不熟悉的大的声响时，孩子就会产生惧怕大哭起来。所以以上的实验证明了儿童的惧怕行为是先天就有的生理反应。

2. 经验的惧怕

儿童的大部分惧怕，无外乎是后天的经验与想象的结果。有的儿童怕黑，大多是因为儿童会联想起来听过的鬼怪故事，这样就自然惧怕黑暗了；有的儿童惧怕小动物，大多是父母用小动物来吓孩子，导致了儿童对于动物惧怕不已。所以陈鹤琴先生认为，儿童的惧怕心理与后天经验、想象有关。

3. 无知识的惧怕

这种惧怕是因为儿童对于不熟悉的人或物没有形成概念，不了解所见、所遇的人或物是好是坏，是否会对自己产生伤害，才会产生惧怕感。归其原因，这种惧怕是因为儿童没有知识造成的，如果对于事物有一定的认识，儿童未必会产生惧怕心理。

从以上三种观点来看，儿童的惧怕心理并不单单是霍尔的"复演说"所能解释清楚的，儿童的惧怕心理中只有很少的一部分是先天遗传来的，大部分是由于儿童缺乏知识和经验引起的。

陈鹤琴先生关于儿童惧怕心理进行了细致的观察：

从出生的第七天开始儿童就具有了惧怕心理，这表现为当儿童熟睡的时候，突然的声响，儿童会为之一震，就立刻举起双臂等。随着儿童的不断成长，他的惧怕也在每日里跟着突然的变化而表现得更具体，或大哭，或惊叫。儿童刚开始的惧怕对象并没有陌生人，只是到了第117天的时候，对于生疏的人，他开始表现出了惧怕。渐渐地，儿童对于陌生的人、异常的声响、陌生的境地等都表现出了惧怕。但这个时候，如果父母用儿童惧怕的事物来训练儿童，是可以消除儿童的惧怕感的。例如："一鸣在开始的时候，对于雷声是非常害怕的，在听到雷声的时候，每次都要大哭起来。但有一次打雷的时候，家里的人特意的镇静，并不显出丝毫惊异，一鸣仅听雷声也不惊异，后来且以为乐。"这样说来儿童的惧怕是可以消除的。但陈鹤琴指出，儿童的惧怕心理是很容易受暗示、迁移的。所以，父母在儿童面前不能暗示儿童惧怕心理的产生，要尽量避免儿童惧怕的迁移与扩大化，以免对儿童的身心造成不必要的伤害。

根据实验的研究，陈鹤琴提出了五种儿童产生惧怕心理的原因，用以说明儿童惧怕心理，下面让我们一同来分享陈鹤琴先生对于儿童惧怕心理的理解：

第一种惧怕是生理反应。比方孩子睡觉时因突然的声响而哭泣或震动等，这样的惧怕都属于儿童的一种生理反射动作。

第二种惧怕是由于事物的新异性引起的。在观察中不免发现儿童对于不熟悉的事物都会产生惧怕。如果增加孩子与事物的接触次数，那么事物本身的属性对于儿童来说不再新异，不再陌生，儿童就不会产生惧怕了。

第三种惧怕是受人暗示引起的。当孩子惧怕某个特殊事物的时候，往往是因为身边的成人对于此种事物表现出了惧怕，使儿童看见受到了暗示。

第四种惧怕是了解事物而引起的。当孩子知道某事物对自己是有威胁的，或者这个事物是很厉害的，大多数人都会害怕，儿童也自然而然地惧怕起来了。所以这种惧怕和儿童的想象能力与思维发展是有关系的。

第五种惧怕是迁移的惧怕。当成人把儿童惧怕的事物和其他的事物放在一起呈现的时候，那么儿童也就惧怕起这个原本惧怕物的附属物了。美国心理学家为了研究儿童的惧怕，把孩子惧怕的声响同孩子原本并不惧怕的小动物一起呈现给孩子，随着实验次数的增多，孩子的惧怕产生了迁移，对于一切带有毛的东西都惧怕不已，这证明了儿童的惧怕是会迁移的。

（二）消除惧怕心理的方法

陈鹤琴通过观察研究，也探索出了消除儿童惧怕心理的方法。第一，如在夏天乘凉的时候，或者冬天围炉取暖的时候，千万不要拿一些鬼怪的故事讲给孩子们听，因为孩子的思维和想象力是很活跃的，很容易在相似的情境中联系到害怕的故事。第二，做父母的也不要恐吓小孩子，像有些父母，当小孩子哭的时候，常常说什么强盗来了，猫来了，狗来了……用这些话去恐吓小孩子，那都是不应该的，经常这样，孩子就会产生惧怕心理了。第三，要避免暗示的作用，孩子小的时候，因为缺乏对事物的认知能力，所以很容易受暗示。譬如以打雷来说，实在并不可怕，但是常因父母怕雷而导致小孩子也怕雷了。要尽量给孩子做一个好的榜样。第四，要多让孩子接触新鲜事物。孩子在刚出生的时候，是不宜多接触周围事物的，但随着孩子抵抗力逐渐增强，就应该给孩子多接触新鲜事物的机会，创造丰富复杂的刺激环境，这不仅有利于儿童思维的发展，也有利于儿童消除对新异事物的惧怕感，这是一举多得的好方法。

陈鹤琴先生对于惧怕心理的研究是细致有价值的。他通过观察解释了惧怕的原因，阐述了儿童形成惧怕心理的过程，分析了消除儿童惧怕心理的方法。这是一个具有时代价值的观察实验。虽然陈鹤琴先生的观察对象只有一个，但他的观察过程是完全生态化的环境，没有进行任何的实验干预，这样得到的结论更接近儿童发展的真实性。他的研究是在相关科学实验的基础上进行的，所以得到的结论可以说是有科学依据的，并不是凭猜测而推论的。

儿童是国家建设的希望，是国家未来的接班人，所以儿童教育就显得尤为重要。儿童教育的最终目标是培养健全的国家接班人，健全的儿童离不开避免惧怕心理的教育。因此，儿童惧怕心理的研究是必要的，也是儿童教育中不可缺少的一部分。总之，儿童教育是每一个人的责任，要想完成好儿童教育，我们就要了解儿童的惧怕心理，掌握消除儿童惧怕心理的方法，才能为儿童的教育贡献自己的力量。在此，我们每一个人都要为陈鹤琴关于儿童惧怕心理研究做出的努力，致以崇高的敬意。

六　儿童游戏与玩具的研究

陈鹤琴是把游戏和玩具分别进行研究与观察的，在这里作者之所以把这两个内容放在一起来阐述，是因为作者认为儿童有游戏的心理，但游戏是离不开玩具的。只要是儿童拿来进行游戏的一切物体，都可以看作是一种玩具。因此，放在一起是有其合理性的，为了更好地说明儿童的游戏和玩具的知识，并且对于两个知识有清晰的认识，作者选择先分开来论述，最后整合到一起进行总体的分析。

（一）儿童游戏的研究

关于儿童游戏的思想在陈鹤琴儿童教育思想中是很重要的一部分，这个思想是立足于科学的实验基础上而形成的，已渗透到了陈鹤琴儿童教育思想的各个方面中去。

对于儿童游戏实施的必要性陈鹤琴做了说明："儿童好游戏是天然的倾向。近世教育利用这种活泼的动作，以发展儿童之个性与造就社会之良好分子。幼稚教育，根据游戏动作的地方格外来得多。但是我国普通社会对于游戏不加注意，甚有以为学校不宜让儿童游戏的。普通人常以游戏为顽皮。乡村学校的教师就是要提倡游戏亦觉得困难万分，因为许多父母竟反对儿童在校游戏；以为送子弟到学校去是为读书不是学顽皮的。"

陈鹤琴的游戏研究是建立在实证研究基础之上的。从1921年开始，他就对刚出生的儿子进行追踪研究，主要采用了观察、记录、摄像等方法，详细地记录了一鸣游戏发展变化的特点。在1923年，陈鹤琴在自己创办的鼓楼幼稚园里实践了自己的游戏理论。

说到儿童的游戏，首先让我们一同来了解一下在《儿童心理之研究》这本书里陈鹤琴先生提及的当时流行的几种游戏理论。

第一种游戏理论是席勒的"力量余剩"说。这种观点认为，人类的游戏是除了用以维持生活的力量以外的力量；第二种是"休养"说，认为人类的游戏是恢复身体和精神各种损失的方式；第三种是洛克斯的"生活预备"说，认为儿童在年幼的时候，游戏是没有用处的，只是作为将来生活之预备的练习；第四种游戏理论是霍尔的"复演"说，认为游戏是我们祖先的动作习惯，游戏中所有的态度和动作，都是遗传下来的，是在复演祖宗的生活和动作；第五种游戏理论是"放驰"说，认为人类的游戏是自由发展的动作，是一种休息的方式；第六种游戏的理论是劳平生的"补足"说，认为儿童的游戏是有遗传或后天的各种欲望发生的感情冲动，但这种冲动不被社会所允许，往往不能实现，所以用游戏的方式来补足。

陈鹤琴在整理参照这些理论的同时，提出了自己对于儿童游戏的看法，用以来表明自己对于这些理论的批判。陈鹤琴认为游戏是一种复杂的动作，可以根据游戏的要素把游戏分为简单和复杂两种，简单的游戏就是四五个月儿童的摇铃动作，复杂游戏是五六岁儿童的踢球游戏等，用以描述不同年龄段儿童的游戏。

1. 游戏的条件

简单游戏的进行，必须要在儿童有足够的力量的前提下，在好动天性的驱动下，有能够把反射动作联合的能力。复杂游戏的进行，必须是儿童在具备简单游戏能力的同时，添加自己对于游戏的智慧才得以进行的。

对于儿童的游戏，陈鹤琴指出，儿童必须获得游戏的快感，才能使游戏维持下去。这种快感可以是生理上（包括觉官和身体）、心理上（包括心理上的满足)和社交上（包括同其他伙伴玩）的。总的来说，儿童的游戏必须具备游戏的力量与游戏的能力,同时还要有好动的天性与任一方面的快感的满足才可。

2. 游戏的价值

陈鹤琴的儿童教育思想把游戏作为重要的一部分,想必游戏一定对于儿童的发展有不可取代的分量。

(1)发展身体

游戏是一种自然的、具有兴趣的、活泼的运动。陈鹤琴经过实验发现,经常让儿童做游戏,能使儿童肌肉发达、强健而有力量。游戏时,儿童会不自觉地将全部的精力投注于游戏中。因此锻炼了筋骨,协助了消化,加速了儿童的血液循环,增加了肺活量。所以,他在办学中始终要求幼儿园里要多置办各种儿童玩具和各种设备。有充分的设备,使儿童每日有相当的活动,以强健他们的身体。有充分的设备让儿童随意玩弄,做骑车、跳绳等种种动作,以求儿童有一个强健的身体,有能力适应更高的教育要求。

(2)促进良好品质的形成

陈鹤琴认为,高尚的道德,可以从游戏中得来。陈鹤琴曾说:"什么自治、什么克己、什么诚实、什么独立、什么共同作业、什么理性的服从,这种种美德之养成,没有再比游戏这个利器来得快,来得切实。"例如捉迷藏的游戏,要求找人的儿童自己用手遮住眼睛,不许偷看,这就需要他的自治能力,即使他忍不住偷看,同伴也会指出,强迫他自治。对于藏的儿童要求在规定的领域内,如果他不够诚实可能跑到没有规定的地方,让找的人找不到,所以这锻炼了儿童的诚实,还有就是每个儿童在游戏中,都要遵守游戏的规则,这有利于儿童认识规则的重要性,逐渐把规则内化。游戏作用的类似例子还有很多,在此就不一一列举。由此看来,游戏是一种发展儿童道德品质的有用工具。

(3)游戏是休息之灵丹

关于游戏在休息上的功效,现代国内外心理学家、教育学家普遍认为,游戏是工作之后通过活动性休息解除紧张,转换一下情绪所需要进行的活动。对此,陈鹤琴持同样的看法,并提出"游戏是休息之灵丹"的观点。他认为人之精神有限,不能常年累月的勤劳,休息与放松是必需的,在劳累的同时,游戏是一种最好的休息方式。举例说:"某儿童读书困疲时,最好的休息方法是什么呢?我们可简直说:除了游戏之外,没有好的灵丹。"他又说:"儿童一游戏,他的脑筋就得放松,他的心思就到游戏上去了。"所以"假使我们要发展儿童活泼的精神,非介绍适当的游戏不可"。

(4)能使脑筋敏锐

在游戏过程中,要求儿童观察要仔细,想象要丰富,思考要敏锐,判断要准确,动作要迅速。游戏可以发展儿童的智力、判断力、创造力、观察力、想象力等。在游戏中,儿童必须要集中精力,要学会判断,当一个游戏玩了多次以后还会产生新的游戏规则,以丰富原有的游戏内容。例如,过家家游戏,儿童在游戏中需要想象爸爸妈妈的角色来扮演,把想象的内容又具体化,最后还要求有组织的能力,要把游戏从头到尾连贯地表演出来,这就要用到儿童的观察力、想象力、组织能力和记忆力。

3. 游戏的种类

关于适合于儿童的健康的游戏,陈鹤琴也做了分类:

(1)发展手体的游戏

这种游戏主要在儿童早期,从触觉、听觉等感觉方面来发展儿童的身体的灵活性、协调性,以及声音上的辨别能力等,主要有两个:手工游戏和戏球游戏。手工游戏主要有搭建积木、折纸等;戏球游戏主要有利用各种颜色的皮球、木球玩耍的活动,以提高儿童对游戏的兴趣。

(2)根据年龄不同的模仿游戏

对于3岁以下的儿童,身体的锻炼要重于教育,3岁以上的儿童,教育与身体的发育并重。对于幼儿,他主张用爬行动作来练习。对于年龄较大的儿童,他主张采用加大运动量的练习。所以对于8岁~12岁的儿童,陈鹤琴主张采用具有竞争性、运动量稍大的游戏,诸如放风筝、踢毽子、拍皮球等游戏。

4. 游戏与年龄

儿童在1岁左右喜欢的游戏,在5岁的时候未必会喜欢。成人喜欢的游戏儿童未必会喜欢。在每一个年龄阶段,都有不同的游戏,即使游戏的名称相同,游戏的内容也会不尽相同的。

(1)幼儿期(出生~3岁)

在这个时期儿童所喜爱的游戏,完全属于感觉与动作方面的。看见小的东西,儿童就要设法摸摸,拿在手里,或者放到嘴里尝尝;看见大的东西,儿童就要推推看,试图移动这个物体。儿童在这个时期还喜欢满足听觉的游戏,有时儿童喜欢把家里的碗筷放在地上敲着玩,以满足听觉上的需要。所以在这个时期,家长要给儿童各种可以触、可以听的玩物,有利于他们触觉与听觉能力的完善。

(2)儿童初期(4岁~7岁)

在幼儿期,儿童喜欢独自游戏,大多数儿童都喜欢自言自语地单独玩。而到了儿童初期,儿童就喜欢和同伴一起玩。所以在这个时期家长要使儿童有好的同伴。有的时候即使没有同伴在身边,儿童也会假想几个平时经常在一起玩的同伴,来一同进行游戏。这个时期的游戏多属于模仿游戏,几个儿童在一起就会玩起嫁娶或者是出丧的游戏。这个阶段的儿童在游戏中,经常会把现有的物体想象成游戏中需要的物品,例如儿童会把家里的凳子想象成火车、马等,进而投入地玩起游戏来;把香蕉想象成电话,玩起和同伴或者亲人打电话的游戏。

(3)儿童后期(8岁~12岁)

这个时期的儿童比前两个时期身体强健,精力充沛,知识量也相对丰富,运动能力相对较强。所以儿童在这个时期的游戏相对于前一个时期，游戏的内容要复杂，规则要增多。正是这些复杂的游戏可以使儿童的观察力、创造力、想象力等进一步发展。

因此，根据以上的观点，家长在教育子女的过程中，应该给孩子提供充分游戏的机会，如"画图""看图""剪图""剪纸""着色""浇花""塑泥""玩沙"等等，寓教育于游戏之中，以达到教育的目的。

5. 关于儿童游戏发展的观察记录

陈鹤琴对于一鸣在游戏方面的发展变化做了详细的记录：在第82天的时候，孩子一鸣渐渐地开始喜欢与其他人进行玩笑了；第110天左右的时候，能够因为听到鼓掌声而欢呼起来；在第121天的时候，把孩子反复地往高处举起然后再放下，孩子会哈哈地大笑起来，显出很高兴的样子；在第125天的时候，他逐渐地喜欢上了藏匿面孔的游戏，并主动做这样的游戏，接着是喜欢上了玩纸游戏、玩水游戏、投掷游戏、骑马游戏等等。在一周岁多的时候，孩子开始进行模仿游戏，能够把所见到的事情模仿出来；在第589天的时候，陈鹤琴发现孩子能够进行想象类的游戏了，能够把香蕉想象成电话，玩打电话的游戏，能够把凳子想象成火车进行玩耍了。

根据观察，陈鹤琴发现了很多重要的结论：第一，儿童生来是好玩、好动的，所以儿童在小的时候是以游戏为生活的，因此作为父母我们应该给儿童充分游戏的机会，使儿童的生活变得丰富多彩；第二，应该根据儿童的年龄给儿童提供适当的游戏方式，不能给予不同年龄儿童相同内容的游戏，这样会让年龄大的儿童发展停滞，让年龄小的儿童失去游戏的兴趣，这是不利于儿童的健康发展的；第三，儿童喜欢团体的游戏。随着年龄的增长，儿童逐渐从独自游戏的方式转变为团体游戏，所以我们必须给儿童一个健康的团体，达到发展儿童高尚品德的目的；第四，儿童愿意与小动物做玩伴，儿童在与小动物玩耍的时候, 可以发展儿童的同情心, 还可以消除儿童的孤独寂寞之感觉; 第五, 游戏要与音乐相配合, 儿童在游戏的时候, 要配以音乐, 不仅会增加儿童的兴趣, 而且会提高儿童的审美能力; 第六, 父母应成为儿童游戏的玩伴, 做父母的应该积极地与孩子一起投入到游戏中, 这样不仅可以在游戏中教育孩子, 还可以培养父母与孩子之间的情感; 第七, 游戏式的教育。因为孩子生来喜欢游戏的缘故, 可以根据这个心理来实施教育, 用以达到教育的目的。

总的说来, 陈鹤琴认为: "小孩子是生来好动的, 以游戏为生命的。要多运动, 多强健, 多游戏, 多快乐, 多经验, 多学识, 多思想, 儿童才会多健康, 多知识, 多经验。所以做父母的不得不注意小孩子的动作和游戏。要想有丰富的游戏, 就应有良好的设备使小孩子得到充分的运动, 应有适宜的伴侣使小孩子得到优良的影响。如此的游戏式教育, 小孩子的身体就容易强健, 心境就常常快乐, 知识就容易增进, 思想就容易启发。"

(二) 儿童玩具的研究

陈鹤琴先生对于儿童玩具是非常重视的, 他认为游戏是儿童的生命。"玩具对于儿童有直接的关系, 很有讨论的价值。玩具这种东西, 不仅仅供儿童玩笑、快乐, 实在还含有科学游戏的性质。"

20年代开始, 陈鹤琴先生就在自己创办的鼓楼幼稚园里研究起儿童的玩具来。他曾经亲自设计适合幼稚园的玩具, 还从国外引进玩具进行改造。1940年他在江西创办幼稚师范的时候, 办了一个玩具厂, 还利用江西当地的竹子给儿童做了一套竹圈, 这套竹圈类似于现在的积木, 目的是用以发展儿童的想象力和创造力。1945年, 幼稚师范学校刚刚迁至上海, 各个方面的条件异常的艰苦, 但陈鹤琴先生仍旧坚持开办玩具厂, 制作积木、布娃娃和益智盘等玩具。1953年, 陈鹤琴先生任南京师范学院院长的时候, 对于儿童玩具依然关心, 除了开办工厂以外,还成立了玩具机构。从上面的事例当中,我们可以看到陈鹤琴先生对于儿童玩具的关心。说到这里,实在有必要为大家介绍一下陈鹤琴先生认为什么是儿童的玩具、玩具的种类、玩具的特点、玩具与年龄的关系以及玩具教育的原理等相关观点了,这有利于更好地了解陈鹤琴对于玩具的相关研究。

1. 玩具的界定

陈鹤琴认为玩具是要适合儿童心理的。他指出:"大凡把儿童看的、听的和触的,笼统可以叫作玩具。"这里的玩具并不单单指街上卖的供儿童玩的东西。只要是能够增进孩子成长的一切物体都是属于玩具范畴的,例如桌子、凳子等。玩具是能够使得儿童快乐和嬉笑的,能够在儿童的视觉、听觉、嗅觉、味觉等方面锻炼儿童,发展儿童。

2. 玩具的分类

陈鹤琴认为儿童的玩具可以依照性质、材料和儿童的年龄分为三类。按照性质,儿童的玩具可以分为人类、兽类等;按照材料,玩具可以分为木类、竹类等;按照儿童的年龄,玩具可以把3岁、4岁等不同年龄阶段的玩具各分为一类。

陈鹤琴先生虽然把所有儿童接触的物体都叫作玩具,但他指出玩具是要符合标准的才可以让儿童接触,否则会给儿童造成不必要的伤害。因此,他根据实践经验对于玩具优劣的标准,也做了分析:

陈鹤琴先生认为优等的玩具是儿童能够随意拆卸,且不易损坏、褪色的,一定要有变化、有活动的,能够在适应儿童能力基础上,增加儿童的兴趣,激发儿童的想象力与创造力。而劣等的玩具则是无变化无活动,危险、不卫生、易损坏的,对于儿童的想象力与创造力没有任何益处的。

3. 玩具的特点

第一,儿童玩具必须具有科学性

陈鹤琴先生根据儿童生长发育以及心理发展的特点，研究了儿童游戏的发展规律和玩具的特点。他认为游戏、玩具与年龄是有相互关系的，认为人生每个阶段都应有其独特的游戏与玩具。适合1岁儿童的玩具，未必适合3岁的儿童，甚至是年龄更大一些的儿童。幼时所好的未必青年所喜；老年之所爱，未必儿童之所好。陈鹤琴先生指出玩具贵在于适合儿童年龄的特点。

一件好的玩具在陪伴孩子玩乐的同时，让他们锻炼身体，增长见识，开发智力，活跃思维，但是玩具的教育价值不是自然而然就体现出来的，而是需要教育者精心设置才能发挥出来。玩具的科学性，就表现在要遵循儿童的心理发展特点，有针对性地选择玩具。

第二，儿童玩具必须具有教育性

陈鹤琴先生认为，玩具和各种游戏器具是儿童生活学习的必需品，玩具是儿童的教科书，是教育儿童不可或缺的教材。

好的玩具能激发儿童的创造力，能启发思想，能培养性格，能促进大脑和智力的发展。家长和教师应指导儿童自己去做玩具，这样做的玩具在教育上的意义更大。要抓住一切可能的机会，努力使玩具发挥最大的教育作用。另外，我们应该指导儿童在玩完玩具之后，学会自己归整玩具。教导儿童玩具应放到一定的位置，按要求摆放，这个好习惯养成的过程本身也是教育和学习的过程。一方面，儿童从玩玩具中受到教育，学会同其他小朋友交往；另一方面，儿童在归整自己玩具的同时，也能学会做事有条理性，这些都是非常重要的。但是，现代的家长往往忽视了这些方面的细节，什么事情都代替儿童去做，这不仅是剥夺了儿童运动的机会，更是在扼杀儿童养成良好习惯的机会。

"福禄培尔根据儿童生理和心理发展的特点创制了一套供儿童使用的教学用品，也就是我们现在所说的玩具。他认为，玩具的教育价值就在于它是帮助儿童认识自然及其内在规律的重要工具。玩具作为自然的象征，能帮助儿童由易到难、由简到繁、循序渐进地认识自然，了解事物的变化发展规律。"[1]

第三，儿童玩具必须具有趣味性

陈鹤琴先生指出，游戏是一种自然的、有兴趣的、活泼的活动，也是儿童积极、主动开展的活动。玩具的趣味性，家长和教师不能自作主张，只考虑自己的喜好，强迫儿童接受自己的观点。让儿童玩他们不喜欢的玩具。儿童的喜好各不相同，应该让他们自己选择喜好的玩具，当然，玩具的安全性必须要位列考虑范围之首的。

陈鹤琴的理论使我们深深地感受到，我们提供给儿童的玩具应该是可以给儿童带来更多趣味和乐趣的。比如，儿童通过同其他小朋友交换自己的玩具、互相分享的过程，可以让不同的玩具给不同的儿童带来不同的趣味，同时，也大大丰富了玩具的趣味性。

福禄培尔创制的第一个"恩物"就很有趣味性。一个盒子里装有六个绒毛做的小球，分为红、黄、蓝、绿、紫和白六种颜色，每个小球上系有两条线。这个"恩物"能帮助儿童辨别颜色，能锻炼肌肉，训练感觉和四肢，培养注意力，鼓励儿童的独立活动，持球和丢球的过程可使孩子获得占有空间和时间等概念的感性认识，还有助于发展儿童的语言。

4. 玩具与年龄

对于幼儿的"玩具"，要求可以是任何对儿童没有危险性的东西，他们可能把每一样东西都变成可玩的"玩具"。1个月~8个月的时候，孩子会玩手、玩脚，他们没有其他的玩具，就利用自己的手脚做游戏；8个月~12个月的时候，孩子会把身边能拿、能敲的物体当成玩具，来增加生活的乐趣；1岁~2岁的时候，儿童的感觉和动作的频率变得愈来愈多了，开始喜欢撕纸，玩布娃娃、皮球等，把这些简单的、小的物体当作自己的玩具；2岁~4岁的时候，儿童的视野变得愈加

---

[1] 陈芳.陈鹤琴关于儿童玩具论述及启示[J]. 科教导刊, 2012 (2) .

广阔了，孩子们也许还是没有能力和条件玩那些种类繁多的玩具，所以他们玩水、玩沙、玩草、玩树叶……各种手边能拿到的东西都会成为孩子们的玩具；4岁~6岁的时候，这时候的儿童喜欢较为复杂的游戏，所以可以把桌子、花园等当作自己的玩具以满足他们强烈的好奇心；6岁~10岁的时候，儿童开始喜欢群体游戏，所以可以进行群体游戏的一切物体都是儿童的玩具，有时玩具也可以是假想的物体。

5. 玩具教育的原理

玩具对于儿童教育的重要性，想必大家通过以上陈鹤琴先生的研究已有了深入的了解和理解了，但我们又该如何把玩具寓于教育之中呢？对于这个问题，陈鹤琴先生提出了五个关于玩具与教育的观点，在此拿出来供大家品读，希望这里的介绍可以给读者一些有用的参考。

第一，玩具从性质上应有活的和死的之分。活的玩具儿童玩起来是不会生厌的。例如皮球，儿童可以用手拍、用足踢等；而死的玩具则会让儿童生厌，不能根据儿童的想法而相应地改变，同时也是很少有教育价值的。

第二，玩具的目的是激发儿童的自动心。陈鹤琴认为，一般在街上买到的玩具只是让儿童一时得到快乐罢了。这种玩具实质上是没有裨益的。有价值的玩具在于能激发儿童的自动心，使儿童在游戏中发起种种动作，以达到发展自身的目的。

第三，应当鼓励儿童自做玩具。有许多玩具儿童是可以自己动手完成的，例如风筝、沙包等。只有通过自己的努力得到的玩具，儿童才会珍惜，更重要的是儿童可以通过做的过程了解玩具的属性，以便更好地操控游戏，使自己得到快乐。

第四，玩具在于精巧，不在于数量。有很多父母对于孩子太宠爱，为孩子买了很多昂贵的玩具，以为这样对于孩子就是最好的。其实玩具对于孩子是要合适才可以的，玩具应当合乎儿童的心理与生理的发展特点，这样的玩具在儿童的不同阶段有几个让孩子可心的就可以了，不在于数量的多少，重要的是玩具质量的好坏。

第五，教儿童保存玩具。当儿童玩过玩具之后，我们需要教授孩子学会保存玩具的知识，这也是在培养一个好的习惯。可以给儿童一个专门保存玩具的箱子，这样儿童就会有固定的地方放玩具了。等再次玩的时候也不会胡乱地找了。这对于教师、家长和孩子都是有裨益的。

对于儿童玩具的研究陈鹤琴倾注了大部分的心血，主要是因为他心系儿童教育的发展，努力给儿童创造更好的游戏教育条件。对于陈鹤琴先生的关于玩具的研究中，我们可以真切地看到一位教育工作者的热忱。

德国著名的幼儿教育家福禄培尔高度评价游戏的教育价值。他把游戏看作儿童内在本质向外的自发表现，是人在这一阶段上最纯洁的精神产物。游戏不等于儿童的外部活动，而更多地指儿童的心理态度。它是一切善的根源和未来生活的胚芽。它给儿童以欢乐、自由和满足，又能培养儿童的意志力和自我牺牲的精神。游戏和玩具紧密相连。

总的来说，陈鹤琴对于儿童的游戏和玩具的研究是有时代价值的。对于陈鹤琴的研究我们可以理解为，儿童游戏的发展遵循着一定的规律，这表现在儿童游戏特点的发展和游戏的社会性的发展。1岁以内的婴儿游戏，成人带领婴儿游戏，由成人发起的主动游戏；2岁婴儿的游戏是实物游戏，从简单摆弄实物到以实物的功用做游戏内容。3岁~5岁儿童的游戏是象征性游戏，象征性地使用替代物进行假装游戏，假装游戏对于儿童的想象力是一个很好的考证标准，只有想象力丰富的儿童，才能把假装游戏有组织地进行下去。如用竹竿当马骑，具有想象的特点，如骑竹竿，竹竿似"马"的性质寓于"骑"中，从而有骑马的想象，还可以用香蕉代替电话来玩打电话的游戏。6岁以后儿童游戏是规则游戏，游戏的情境和角色都是内隐的，而游戏的规则是外显的。在儿童的游戏中也表现出社会性发展的规律。根据儿童游戏的社会性特点，可将游戏分为独自游戏、平行游戏、联合游戏和合作游戏。

游戏对儿童的心理发展有着很大的意义。儿童通过游戏认识环境，认识物质特性，发展感知觉、想象力和解决问题的能力。游戏是儿童参与社会生活的特殊形式。儿童可以通过游戏这种特殊的参与形式，来实现自我价值，体现创造性能力，游戏还可以在增强体质的同时，培养儿童健全的人格。陈鹤琴指出，游戏是儿童生活中的主要活动，游戏和玩具紧密相连，玩具是儿童游戏活动进行的不可缺少的物质条件。

陈鹤琴先生提出的关于儿童玩具的三个特点：儿童玩具必须具有科学性、教育性和趣味性。他的观点对当下仍然具有非常大的现实意义。随着社会的快速发展，人民生活水平的提高，一些家长和幼儿园的教师忽视了手工制作的玩具，但是这种手工制作的玩具往往更具有科学性、教育性和趣味性。家长和教师带领儿童制作玩具本身就是"活的教育"过程的体现。现在的幼儿园的玩具多数采用是机器成批生产的，缺乏个性和针对性，而且往往又是价格比较昂贵的。事实上，并不是昂贵的玩具就比便宜的玩具好。只有适合儿童的年龄，符合儿童的发展要求的才是好的玩具。让儿童自己动手动脑制作自己喜爱的玩具，这个过程本身就是符合儿童心理的，又是儿童乐于接受，并愿意投入其中的。

陈鹤琴先生认为，凡是儿童可以玩的、看的、听的和触摸的东西都可以叫作玩具。所以，家长和教师应该尽可能利用周围的一切资源，帮助儿童认识自然现象及其内在的规律。在组织游戏的过程中，家长和教师不能忽视身边的可以当作玩具的实物。比如，给孩子讲鱼，家长就可以利用买回的鱼，让小孩看到真正的鱼，让小孩观察鱼的呼吸、游动，甚至可以亲自解剖鱼体，研究鱼的各部分。这样获得的知识不仅真实、亲切，而且鼓励了儿童的学习兴趣和研究精神。

儿童身边的事物，都是孩子们的"玩具"。生活周围的一草一木、花鸟鱼虫、植物的四季变化等等都可叫作玩具。儿童通过观察周围的自然变化，了解自然，从而更加热爱自然、热爱人类。

陈鹤琴在《教孩子们玩什么》中提到了积木对于儿童的教育功效是非常明显的，但积木要选择合适的。"积木可以启发儿童的创造力和思考力。但一般在幼儿园及小学低年级用的积木，都是一英尺见方的小积木，装在一个小匣子里，让儿童把他们放在桌子上，用一只小手来玩；这样的积木不但不能充分发挥儿童的创造力和思考力，而且太单调，不能引起儿童很大的兴趣，更不能在活动中培养儿童的合作习惯，而使大肌肉得到活动。"所以，他提倡用大的空心积木，这样孩子既拿着方便，又能锻炼孩子的大肌肉，还能在活动的时候培养孩子的创造力、思考力及服务的良好习惯。

一个好的游戏和玩具对于儿童成长的作用是无可置疑的。家长和教师都很重视。玩具的科学性、教育性、趣味性应该很好地统一起来。玩具具有了科学性、教育性、趣味性这三个特点，才能使儿童得到益智，得到乐趣。现在，有些家长和教师走进了一个误区，他们认为，玩具是越贵越好，越复杂越好，其实不然。一个昂贵的玩具对于几个月大的婴儿，不如一个几毛钱的能摇、能敲、能发出响声的摇鼓更有利于婴儿的发展。根据儿童身心发展的特点，不同阶段的儿童对玩具的要求不同，我们做家长和教师的要格外注意。玩具不能只关注趣味性，而忽视科学性和教育性。要认识儿童、尊重儿童，让儿童拥有适合的游戏与玩具，才能让儿童健康成长。正确引导儿童自己动手动脑，选用适合儿童心理和年龄特点的游戏与玩具，这样才能使游戏与玩具的功用充分发挥出来。陈鹤琴先生强调儿童的主要活动是游戏，游戏的进行必须有玩具的供应。适合儿童的玩具同时必须具有科学性、教育性和趣味性三个特点，虽然这是陈鹤琴先生对于当时社会的儿童教育的要求，具有一定的时代局限性，但好的教育理论是具有跨时代性和传承性的。因此在当今教育工作者的共同努力下，只要努力发展与完善陈鹤琴先生关于游戏与玩具的不足，就会同样适用于现代社会对于儿童教育的要求。因此陈鹤琴先生的游戏与玩具的研究理论对于现代仍然有着很好的指导和借鉴意义。

七　儿童好奇心的研究

陈鹤琴认为，好奇心是儿童打开知识之门的钥匙，好奇心对于儿童的发展有莫大的作用。他曾说："好奇心对于儿童之发展，具莫大的作用。儿童凡对于一切新异的东西就生出好奇心，一好奇就要与新的东西相接近，一接近那就略晓得这个东西的性质了。假使儿童与新的境地相接触愈多，他的知识必愈广，虽然由好奇心所得的知识，一时不发生什么效力，但后来于实用上很关紧要的。"

从陈鹤琴先生的话中，我们很容易解读到，好奇心对于儿童的成长是非常有益的，只有儿童具有很强的好奇心，他才会去接触所遇的事物，也就会了解所接触事物的属性了，这样知识想必也会不断增加的。

陈鹤琴先生把激发儿童好奇心作为儿童教育的一个重要的部分，好奇心的教育也贯穿于他整个儿童教育的体系中。既然好奇心对于儿童有重要的作用，那么好奇心又具有怎样的性质呢，我们又如何根据好奇心的性质来引起儿童的好奇心来进行教育呢？下面让我们一起来分享陈鹤琴先生关于儿童好奇心的研究成果。

（一）如何引起儿童的好奇心

首先，能激起儿童好奇心的事物具有新异性。比如在寂静环境里的突然大声，昏暗色调旁的鲜艳颜色等等具有显著的对照，这些都会引起儿童的好奇心。

其次，事物与事物相接触而发生的新异亦能引起儿童的好奇心。第一条里所说的新异相对于事物本身而言，这里的新异是指事物与事物在接触时发生的新异。

例如，儿童对于放风筝都感兴趣，起初儿童对于风筝和放风筝两个事物的本身产生好奇。可是相同的刺激连续多次出现以后，儿童则对于放风筝这件事并不产生好奇了，风筝本身的新异也不再引起儿童的好奇了。虽然如此，假如我们对儿童说："某儿童也在放风筝，而且他的风筝很漂亮，你愿意与他一起进行放风筝比赛吗？"这样儿童对于放风筝就会又产生好奇了。好奇心的再次产生一方面是因为儿童想看看那个儿童的风筝，另一方面是要证明自己会比那个儿童放得好，放得高。

（二）好奇心与年龄

儿童的好奇心并不是在产生以后就永久不改变的，而是随着年龄的增长而发生变化的。关于这个观点，克尔帕屈克在他的《儿童学原理》一书中是有论述的。他说："当儿童未能行走以前，他的主要兴趣即在经历新的感觉并注意感觉的关系。但当儿童亦能讲话，就要问他所经历过的东西的名词，'这个是什么？''那个是什么？'若得了一个名词的答案那就知足了。等到熟悉各种事物的名词之后，他的兴趣就变了，他现在常常要问：'这个什么用处？''你怎么做的？''你为什么这样做的？'有时他要追根溯源地问：'这个东西从哪里来的？'"

儿童在三四岁的时候，总会针对一些日常现象对家长进行询问，例如"太阳为什么要下山"或者"星星白天的时候躲起来了吗"。当成人对于他的一个问题进行回答时，他总会还有相继的问题提出来，如此下去，这就是儿童好奇心的表现了。

当七八岁的时候，儿童对于颜色比对于形状更有兴趣，这时候的儿童经常把注意力集中于事物的颜色上。对于动物小孩也比对于大人更有兴趣，儿童经常会和同伴一起玩，有的时候甚至还会和小动物进行对话，这时候的儿童对于成人不再表现出幼儿时期的过度依赖，而是开始把注意的对象转移到能引起好奇心的物体上去。到十二三岁的时候，儿童的兴趣在于对一切事物的理解，例如谜物推想等。随着儿童年龄的增长，他们逐渐把注意力放在了道德问题的思考上，经常会与同伴或亲人讨论道德的问题，以寻求正确的答案。

（三）儿童好奇心的研究

在以上理论知识的基础上，陈鹤琴先生对于史密斯和霍尔两人的研究进行了分析，提出了自己关于儿童好奇心的研究问题，从而进行了细致的研究。

史密斯与霍尔的调查显示，10岁以内的儿童提出的465个问句中，有半数以上的是关于自然和生命来源的。那么儿童为什么好问呢？又问什么内容呢？怎样问，问的内容、方法又与儿童的年龄发展关系如何呢？关于以上的种种问题，陈鹤琴认为史密斯和霍尔的研究是不能够详细解释的，所以进行了精心的实验研究。

1. 研究的对象

陈鹤琴先生关于好奇心的研究对象是他的两个侄子。一个10岁，另一个9岁，他们的智力水平都在正常的范围之内，因为是寄宿在陈先生家，所以陈鹤琴能日日得以观察。需要说明的是，两个被试者中，哥哥有点口吃所以不善辞令，但弟弟工于辞令。

2. 研究的方法

陈鹤琴的研究方法是直接观察法。主要是把两个儿童平时每天所说的问句记录下来，一共记录了357句，历时270天。这里所要说的问句不是主试者设置了一个计划好的情境来引起儿童的发问，这种发问是完全出乎自然的，是来源于儿童平时的生活。在记录过程中，凡是陈鹤琴先生能解答的，他就会耐心地解答。如果不能解答的，就会让孩子去找老师解答，这样不会挫伤孩子的好奇心。

3. 问句的次数

在研究这个问题之前,陈鹤琴提出了一个猜想,那就是弟弟一定比不善辞令的哥哥问的次数多。但后来的观察结论显示,他的猜想是不正确的,除了第一天弟弟比哥哥问得多,剩下的时间里都是哥哥问得较多。哥哥一共问了250句,弟弟只问了119句。在记录中显示每天的问句次数不等,这大概要取决于所处的环境吧。

4. 问句的体裁

儿童的问句,大概可以分为三类:"是什么""为什么"和"怎么办"。知识丰富的儿童,看见世界中天然和人为的现象较多,因此愈晓得愈要问;知识较为浅近、经验较为薄弱的儿童只能问"是什么"的问句而已。在陈鹤琴的研究中,他指出年龄与问句只有多少的关系,没有先后的关系。

5. 问句的性质

从问句的性质,可以知道儿童的兴趣,这样我们就可以因材施教了。陈鹤琴针对两个被试者的问句,把问句的性质分为人事、人物、物理、机械、动物、植物、政治、顾虑他人、天然、营业、数目、字名、地方、物之来源、生命之来源、生理、天然现象、宗教和时间总共19类型。如果儿童的问句只关注于机械这一类,那么孩子的兴趣大半是在这里了。

陈鹤琴先生对于好奇心的研究,做了很多方面的整理与总结,具体可以从以下几个方面进行理解:

第一,从问句可以知道儿童的知识经验。倘若儿童经常问"是什么",则表示儿童的知识缺乏,教育者可以据此适当地扩大儿童的知识面;如果经常问"怎么办""为什么",表示儿童的知识经验比较丰富,教育者可以据此因材施教。

第二，从问句的性质可以看到儿童的兴趣所在。教师的教学主要是利用儿童的兴趣来引起学生学习的动机。如果对于学生的兴趣都不了解，那又怎么进行教学呢。可以从儿童好奇的问句上来探索儿童兴趣。

第三，好奇心是知识输入的钥匙。儿童生来是无知识的，只有在与环境不断接触中，才能增长知识经验。所以当儿童对我们提问的时候，我们应该尽可能地给出详细的答案，并适当地举出儿童熟悉的实例加以说明，用以增强儿童的理解。儿童生来就是好奇的，家长和教师可以利用孩子的好奇心，来增长儿童的知识。总之，好奇心对于儿童的教育是十分重要的，正是因为好奇心，儿童才逐渐地了解世间万物的属性；正是因为好奇心，孩子的想象力才会不断发展。所以父母可以为孩子创造好的游戏环境，给儿童充足的想象空间，培养儿童的好奇心。

陈鹤琴在研究结束后，指出了自己研究的缺点，希望能给以后的研究者带来帮助。在他的研究中主要有两个不足之处：第一，研究的对象只有两个儿童，这样得出的结论就缺乏普遍性；第二，研究的时间只有270天，儿童的好奇心是在不断变化的，只有在长期观察与总结的基础上，才可以得出接近真实发展的结论。所以，陈鹤琴指出，在以后的关于儿童好奇心的研究中，教育者一定要选取更多的儿童进行长期的研究才可。好奇心是儿童教育一个不可分割的部分，是一个必须做好的环节，所以，儿童好奇心的研究是每一个教育工作者都必须承担的责任，只有这样，才能为祖国幼苗的发展带来更多、更好的机会与条件。

八 儿童绘画的研究

　　小孩子生来是无知识的,由于小时候各器官发育不完善,儿童并不能很好地表达真实的想法与感受。孩子通过感觉器官的发育,逐渐对于事物有了自己的认识。在教养孩子的过程中,有的父母会发现孩子有的时候会用周围的物体画来画去,逐渐地儿童开始把生活周围的事物通过自己的想法加以改造画出来。陈鹤琴认为绘画对于儿童的发展有重要的影响,他认为:"绘画可以表现儿童的美感、可以发展儿童的思想、可以增进儿童的知识、可以联系儿童的目力与手力等。"基于上述绘画的种种重要价值,陈鹤琴先生对于儿童的绘画进行了长期深入细致的研究。

　　有的父母可能就会产生疑问,孩子为什么就喜欢画图呢? 陈鹤琴认为:"图画是小孩子表达思想的一种方式,因为他词汇很少,不能用语言来表达他所看见的、所听见的以及他自己所想的,但是小孩子受了外界事物的刺激,一定要反应,于是就用图画来表达他的思想和情感,这是小孩子喜欢画图的主要原因。"

　　陈鹤琴认为,儿童绘画是有一定发展规律的,不是随便表现出来的。他指出儿童绘画的发展必须经过涂鸦期、象征期、定型期和写实期四个阶段。

　　在涂鸦期,儿童只是画一些弧形线和圆圈,这些线条与圆圈都是随意乱画的,没有实际的意义。因为此时的儿童受其心理水平和肌肉发展的制约,还没有真正的绘画意识,只是一种技能练习罢了。随着经验的积累,儿童在感知不断发展的基础上,开始把自己涂鸦的东西赋予意义,虽然有些象征的意义,但此时还仍旧不能真正地表现所画对象的真面目,这是象征期的典型特点。随着生理与心理的逐渐发展,儿童开始能画出事物的某些典型的特征。例如:"人是有圆圆的头的，头上还有鼻子、眼睛等，这些外型已和别的动物不一样了，但是还是呆板的，无生气的，缺乏透视和立体感的，也不能表达出光线的明暗。"这就是儿童绘画的定型期。随着以上三个时期的不断发展，儿童生理和心理也趋于不断成熟，儿童绘画达到了最高的阶段，这个时期儿童的图画不仅能正确地表现出事物的形状，还能注意到透视、明暗等各个方面的因素，这说明只有心理发展到较高的水平，儿童才会从绘画的定型期进入写实期。

儿童绘画的研究实验

陈鹤琴的儿童绘画研究的目的是力图从一个儿童的绘画中，了解儿童心理的发展，探索儿童绘画与生活经验、教育的关系。研究对象是陈鹤琴的长子一鸣，研究时间为从一岁一个月到十岁八个月，研究的材料总共有431张图画。

陈鹤琴在研究中得出结论：儿童图画的发展是随着身心发展而发展的。也就是说，儿童的图画是受生活的经验和教育实践影响的。在涂鸦期，儿童的绘画由开始的波形图，经过不同方向的直线和曲线的乱丝图，到顺时针的圆形图三个阶段；象征期包括具有普遍性的象征阶段、类别性的象征阶段和能够表现某事物的特性的个别性的象征阶段；定型期中包括从简单到复杂、从正面到侧面、从呆板到有生气、性别和年龄的辨别、时间观念、空间观念动作等不同发展过程；在写实期，儿童的绘画中逐渐多了想象画和意愿画的类别，这是和儿童心理发展和生活实践有直接关系的。

通过对材料的分析与整理，陈鹤琴发现儿童的绘画是由量变到质变而发展的。刚开始的绘画儿童只会热衷于线，后是圆圈和点。虽然儿童的绘画内容在不断地发展，但儿童的绘画过程是落后感知方面发展的，只有儿童感知得到了发展，儿童的认识水平才能得到相应的发展。所以，在儿童绘画的发展过程中，儿童的绘画技能和生活经验、教育实践是密切相关的。

　　陈鹤琴先生对于绘画的研究是非常全面的，也是卓有成就的。他把一鸣的绘画材料进行了详细的分析，把儿童心理发展特点与儿童绘画联系起来，在实践中得出了以上重要的理论。作者在此做的说明难免有所纰漏，但是从简单的理论中，我们不难看到陈鹤琴先生治学严谨的态度，这是非常值得我们学习的。

九　儿童道德问题研究

陈鹤琴先生认为，儿童的教育不仅是健康教育与知识教育的简单叠加，而且是使儿童各个方面全面发展的教育。要想给儿童全面健康的教育，道德教育是必不可少的一个部分。随着社会的快速发展，拜金主义和封建迷信日益猖獗，要想从根本上杜绝这种种不良现象，就要加强道德教育。陈鹤琴先生认为，道德的教育一定要从小的时候进行才可。所以，他认为研究儿童的道德问题是必要的，可以为儿童的健康成长提供重要的指导作用。儿童不良的道德问题主要表现形式应是说谎行为的出现，所以为了研究道德问题，他主要是从谎骗问题和道德训练方法两方面进行论述的。这一章节在北京出版社出版的《陈鹤琴教育文集》中被删减了，但此研究在陈鹤琴的原著作中还是很有研究价值的。下面让我们共同走进陈鹤琴关于儿童道德问题的研究。

（一）谎骗问题的研究

陈鹤琴认为说谎是每个年龄阶段都会有的一种行为，这种行为或是有意图的，或是无意识的。但不管谎骗行为的出现有多频繁，它仍是一种卑鄙的行为，总该是被杜绝的。与此相对的是极美的道德——诚实。陈鹤琴认为要想让儿童避免谎骗行为，培养诚实的美德，就要从小教起。所以，对于儿童的道德问题是十分有必要进行研究的。

陈鹤琴指出："儿童未说话以前，就能欺骗人的。我的孩子11个月大的时候，就发现他会一种欺骗性的游戏。他手里拿着一块洋钱，邻居向他索取，他就把洋钱放在他手里，但一放手立刻拿回藏着。这样年幼的婴儿，就有这种欺骗色彩的游戏。到了说话的时候，欺骗的举动当然格外多了。"

既然儿童谎骗行为发展得如此之早，做父母的就要对于儿童说谎行为给予足够的重视，切不要姑息养奸。一个事物的出现总有它出现的缘由，儿童说谎也不例外。所以陈鹤琴指出要想杜绝儿童的谎骗行为，就要先了解儿童说谎的原因，只有从根本上禁止，才会真正地帮助孩子改掉这个坏习惯。第一，在孩子很小的时候，或许因为发展得不完全的原因，缺乏辨别事实的能力以及语言表达的不准确性。这时父母不能认为孩子就是在说谎，而且也不能当着众人的面前指出他说谎，因为这时孩子也许并不知道什么是说谎，但经过父母的暗示，孩子学会了说谎；第二，惧怕的缘故才会说谎。因为平时家教严厉的缘故，孩子因为害怕父母的责罚，害怕父母不赞成他的做法，就说谎来哄骗父母。这样的行为起先是发生在家庭里，之后会随着孩子社会关系的扩大而泛化到其他方面，导致欺骗同伴等行为的出现。这就告诉父母平时要以公平的态度对待孩子的错误，应当用温柔的话去询问孩子的动机，这样才能让孩子不因为惧怕而说谎；第三，孩子为了博得称赞而说谎。小孩子从小就喜欢别人的称赞。做父母的平时要给孩子正确的表扬方式，针对孩子的实际行为进行称赞，不能给孩子投机取巧的印象；第四，把说谎作为达到目的的手段。在日常生活中，孩子如果真实地表达自己的意愿，很可能被父母拒绝。这时孩子就会想尽办法来达到目的，说谎就很可能是首选的一个方面。所以，做父母的要及时制止孩子用说谎来达到目的，只要让孩子知道说谎是达不到目的的，以后他自然就不会说谎了。

（二）道德训练的方法

说谎既然是不好的，那就要想方设法去阻止孩子说谎，只有运用科学的方法去教育孩子，才能从根本上杜绝儿童说谎行为的出现。针对孩子谎骗行为的原因，陈鹤琴提出了道德训练的三个方法：

1. 父母以身作则，实地教导

孩子小的时候是极具模仿性的，孩子接触最多的就是父母，孩子可以学习的榜样最多的也是父母，所以父母的一言一行都对孩子有重要的影响。由于孩子生理和心理发展不完善的各种原因，如果父母经常说谎，或者使用谎言来哄骗孩子等，孩子也会从小说谎的。只要父母能够做到自己先不说谎，孩子也会耳濡目染地变得诚实的。

2. 不要任意以消极的态度来束缚孩子的动作

通过前面的理论大家可能早已发现孩子是好动的、好奇的，以游戏为主的。父母不要因为自己的想法就任意地制止孩子的动作，不应当事事禁止孩子，这样就给孩子说谎造成了契机，当孩子特别想进行一种活动或游戏的时候，只有找到父母赞成的理由才可，所以他就会想方设法地编造理由，以达到他的意图。这就告诫我们，父母不要随意地禁止孩子的动作，只要条件允许就给孩子活动的机会，这不仅是从道德问题上来说，就是对于儿童整个身心发展都是有益而无害的。

3. 利用故事暗示儿童的动作

孩子从小就热衷于听故事，父母可以利用孩子的这种心理来对孩子进行暗示，让孩子在无形中接受一种高尚行为的暗示，让孩子明白谎骗是可耻的，诚实是美好的。父母可以每天或者每个星期都给孩子讲述一个良好道德的故事，但父母要切忌在讲授故事的时候，对孩子有明显的教训，这样孩子不仅达不到教育的效果，还会扼杀孩子爱听故事的兴趣。

陈鹤琴在1955年4月江苏省政协第一届第一次会议上的发言中指出："对儿童、青年进行共产主义道德品质教育，是目前党和政府在教育方面进行的重要工作。肃清反动、淫秽、黄色书刊的毒害是对儿童、青年进行共产主义道德品质教育的必要条件。"从这段讲话中我们看出，对于儿童进行道德教育是非常重要的,是每个时期都必须予以高度重视的,贯穿教育的始终。要想给儿童提供良好的道德教育,就要不断地探究儿童说谎的原因,用科学的方法训练儿童的道德,培养健康的意识。

陈鹤琴对于儿童道德问题的研究虽然较前些研究粗略些,没有实际的观察记录,致使从这个研究中我们不能探索出儿童道德问题的发生、发展过程是如何的。但从他的关于谎骗和道德训练的理论中,我们可以深切地懂得父母对于儿童影响的重要性,以及儿童道德问题对于儿童身心成长的决定性作用。

陈鹤琴是中国最早以观察实验的方法研究儿童心理发展的学者之一,这本《儿童心理之研究》来源于他长期从事儿童心理研究的成果。20世纪初期,儿童被认为是"小大人",穿长衫马褂,端坐家中,不得外出游戏。想法也要和成人的想法相接近。陈鹤琴认为,这样的教育不仅不利于儿童的发展,还会给儿童造成不可修复的心理伤害。于是陈鹤琴提出,"应研究儿童的心理,施行教育应当根据他的心理"的观点。在1921年发表的《儿童心理及教育儿童方法》一文中,陈鹤琴就提出儿童心理的"四心"特点,即好动心、模仿心、好奇心和游戏心。继而在1925年的《家庭教育》中把儿童心理特点归纳为八个方面:好游戏、好奇的、好群的、好动的、好模仿的、喜欢野外生活的、喜欢成功的、喜欢别人称赞的,以此八个方面的心理特点作为家庭教育的基础。可见,儿童的心理特点始终是陈鹤琴理论的基础。1920年,陈鹤琴以儿子陈一鸣为研究对象,主要以感性描述的方式,就儿童的动作、能力、情绪、言语、游戏、学习、美感、绘画等方面的发展,进行了多角度、长期连续的观察,并做了详细的文字说明和摄影记录。陈鹤琴一直主张儿童教育的研究,必须要首先研究儿童的心理,因为儿童教育所面对的儿童世界其实就是儿童的心理世界。如陈鹤琴本人所指出的,"与幼稚教育直接有关系的,就是幼稚生心理的研究,若不知道儿童的心理而施行教育,那这种教育必定是没有良好结果的。"作为我国儿童心理发展研究的早期奠基之作，《儿童心理之研究》关于儿童期意义探索、心理特征的描述与概括，以及对儿童教育实践的思考，成为20世纪20、30年代中国探索科学化儿童教育的有力见证。《儿童心理之研究》自出版之后，在当时有较大的影响，对心理学者和教育工作者具有重要的参考价值，许多著名学者曾给予高度评价。

在此，本作者并没有对陈鹤琴关于儿童心理各个方面进行详细的叙述，没有做到面面俱到，其实陈鹤琴先生关于儿童心理的研究还有更多值得我们去探索和发展的理论。

在今天的儿童教育改革中，研究儿童、针对儿童特点进行有效的教育仍是对儿童教育工作者的挑战，关于儿童的身心发展与教育，《儿童心理之研究》所提供的诸多科学结论与建议，依然充满着强烈的现实意义与指导价值。希望笔者的拙见能够起到抛砖引玉的作用，让教育工作者共同走向陈鹤琴的儿童心理的教育理论，为儿童心理的研究做出应有的贡献。

名著之二：《活教育——理论与实践》

教活书，活教书，教书活；读活书，活读书，读书活。

——陈鹤琴

　　五四运动时期，随着实用主义在中国的流行开来，各种形式的教育改革之风在中国的各地相继地刮起来，呈现出活跃的气象。

　　陈鹤琴在美国的时候就受到杜威实用主义的熏陶，就立志要改革中国的儿童教育，试图改变中国当时传统教育的模式，创造出符合中国实际的教育理论。在这种思想酝酿的阶段里，陈鹤琴受到了陶行知先生"生活教育"的影响，他提出了"活教育"改革的口号。

　　当时的社会正处于全面抗战时期，为了适合社会的发展，陈鹤琴指出："要有急切应变的特殊措施，才能显示出非常时期儿童教育的功能。"对于什么是"活教育"，陈鹤琴指出："'活教育'要有活的榜样，活的教法，活的课本，要充分利用儿童的手、脑、口、耳、眼睛，打破只用耳朵听、眼睛看的书本教育。"对于怎样实施"活教育"这个问题，陈鹤琴在《活教育》发刊词中这样说道：

　　"我们不愿意墨守旧规来贻误子弟，我们要研究所有的教材是否适合儿童的需要。我们要研究所用的教法，是否适合儿童的兴趣，启发儿童的思想，培养儿童的创造能力。我们要研究种种教学上的设施，是否合于儿童的心理。我们要检讨既往，策励将来，把所有的教材重新估量，把所有的教法重新研讨。我们要利用大自然、大社会做我们的活教材，我们要在做中教，做中学，做中求进步，我们要有活教师，活儿童，以集中力量改进环境，创造活社会，建设新国家。"

　　"活教育"的提出，对于当时占主要地位的传统教育是一种挑战，陈鹤琴认为中国的封建传统教育死气沉沉，这样的教育是腐化的，他指出这样的教育是"死教育"。那么可能读到这里，有的读者就开始疑惑起来："究竟什么是'活教育'，什么是'死教育'呢？""这两者之间有什么根本的区别呢？"为了更好地说明"活教育"，陈鹤琴先生就分别从教育环境、教育目的、教学方式、教学组织、教育思想、学生管理、课程建设、学生表现、师生关系和社区关系十个方面来说明"活教育"与"死教育"两者本质的区别。这样的比较方式不仅可以给教育者提供"活教育"教学方向的参考，也令我们深思，了解到只有"活教育"才适合儿童个性的发展，符合社会"四个现代化"的要求。下面把这十个区别罗列出来，以供大家参考学习：

项　　目	活教育特征	死教育特征
教育环境	一切设施、一切活动以儿童为中心的主体，学校里一切活动差不多都是儿童的活动。	一切设施、一切活动，教师（包括校长）是中心是主体。学校里的一切活动差不多都是教师的活动。
教育目的	教育的目的在于培养做人的态度，养成优良的习惯，发现内在的兴趣，获得求知的方法，训练人生的基本技能。	教育的目的，在于灌输许多无意义的零星知识，养成许多无关紧要的零星技能。
教学方式	一切教学，集中在"做"，做中学，做中教，做中求进步。	一切教学，集中在"听"，教师口里讲，儿童用耳听。
教学组织	分组学习，共同研讨。	个人学习，班级教授。
教育思想	以爱以德来感化儿童。	以威以畏来约束儿童。
学生管理	儿童自订法则来管理自己。	教师以个人主见来约束儿童。
课程建设	课程是根据儿童的心理和社会的需要来编订的，教材也是根据儿童的心理和社会的需要来选定的，所以课程是有伸缩性的，教材是有活动性而可随时更改的。	固定的课程，呆板的教材，不问儿童能否了解，不管时令是否合适，只是一节一节地上，一课一课地教。
学生表现	儿童天真烂漫，活泼可爱，工作时很静很忙，游戏时很起劲很高兴。	儿童呆呆板板，暮气沉沉，不好动，不好问，俨然像个小老人。
师生关系	师生共同生活，教学相长。	师生界限分明，隔膜横生。
社区关系	学校是社会的中心，师生集中力量，改造环境，服务社会。	校墙高筑，学校与社会毫无联系。

从总体上说，"活教育"应是以活教材为中心，在以学生为主体的前提下，建立积极的学习氛围，利用诱导的方法，使学生进行积极的自我学习，好的教育不仅让儿童的智力得到发展，还要使儿童道德等诸多方面得到全面的发展，培养儿童自动研究和创造的能力，使他们成为善于提出问题、解决问题的新儿童。

1923年，陈鹤琴创办了南京鼓楼幼稚园，相继进行了实验，这为"活教育"的产生奠定了思想基础。1940年，陈鹤琴在江西创办江西省省立实验幼稚师范学校，明确采用"活教育思想"为指导。"活教育"的理论体系包括三大目标、十七条教学原则、四个步骤、五指活动等。在三大目标中陈鹤琴先生指出："做人，做中国人，做现代的中国人"的培养目标；"大自然大社会都是我们的活教材"的教学内容；"做中学，做中教，做中求进步"的教学方法和"观察实验—参考指导—发表创作—批评研讨"的四步教学法。1946年，陈鹤琴兼任上海市立幼师和国立幼专两校的校长，继续进行教学法的实验和研究。江西幼师和上海幼专是在"活教育"思想指导下的实验和实践基地，它不仅培养了一大批幼教工作者，更是使"活教育"思想进一步发展、成熟。1950年，陈鹤琴出版了《活教育——理论与实践》一书，对"活教育"理论与实践做了系统的归纳和论述，标志着"活教育"思想体系的成熟。

一　我们为什么需要"活教育"

（一）社会方面

当时的中国由于国外教育对于传统封建教育的冲击,对于教育的目标、方法等都是混乱不堪的。陈鹤琴受杜威实用主义的影响,他立志改变旧中国"脱离生活、死读书"的现状。陈鹤琴针对社会需要"活教育"的紧迫性,在1947年的《活教育的创造——理论与实践》的前记中做了说明:"今天,中国的社会以及世界的趋势都是复杂而多变化的,我们中国人民的生活,不论在意识上和形式上都是多样的。在今天,我们还要求读书人闭门读书,把教育的意义停留在书本或学校圈子里,这是不合理也是不可能的事。我们希望中国人民的教育是在生活上获得知识,以丰富的知识来提高生活,失去了生活的意义也就失去了教育。"因此,对于中国当时的社会来说,实行教育改革,推行"活教育"的理念势在必行。

（二）家庭方面

家庭作为社会的基本单元,其最高目标就是为社会的需要所服务的。社会在不断发展的过程中需要推行"活教育",那么家庭就有必要完成应有的职责,那就是切实地学习"活教育"的思想。当时的家庭中,占主导地位的观念仍是传统教育,家长认为孩子的教育就要从书本知识开始,只有书本的知识才是正确的,对孩子的成长才是有益的。脱离书本的教育是不必要的,是不可行的。所以,父母就要孩子整天学习书本知识,认为除了书本以外的东西都是无用的。为了改变这种现状,陈鹤琴先生认为,"活教育"在家庭中实施是必须的,只有父母承认"活教育",孩子才能获得接受"活教育"的机会。

（三）学校方面

从古至今，无论是古代的私塾、学堂，还是现今的各类学校，一直都作为学生接受正规教育的场所。既然是学生接受教育的主要场所，"活教育"的实施就一定在学校集中进行才可。当时的学校一直都受封建教育思想的束缚，教师不仅阻止学校接受新式教育，还提倡授给学生传统的教育思想。当时的社会教育落后，主要体现在学校的教学思想和教学模式上，所以要想彻底地改变社会，就要从学校着手。当时的学校呈现出一片死气沉沉的现象，学生就像要落山的太阳一样没有朝气。要想彻底地改变，就要进行一种新的教育才可以。只有陈鹤琴先生的"活教育"思想才能从根本上改变现状，给学校带来新的生机，为国家培养出有用的新式人才。

二 "活教育"的目的论

陈鹤琴的"活教育"的目的实质上就是做人的教育。他曾说:"我们要国家强盛,民族复兴,必须着意培养今后复兴民族的新兴力量……因为如果我们现在有健全可爱的儿童,异日就有强盛光荣的国家!"所以,教育就应该培养儿童怎样做人,怎样做一个合格的中国人。这样才能使国家强盛。因此在当时陈鹤琴提出"活教育"的目的就是在"做人,做中国人,做现代中国人"。有的人可能认为这不是老生常谈吗?但陈鹤琴的教育目的和外国的教育目的是有本质区别的。"做人、做中国人、做现代中国人"就是中国教育唯一的特点,不苟同于其他各国的教育目的。对于怎样做人,陈鹤琴认为要使受教育者达到这样一个目的,必须使之具备起码的条件,即:

(一)要有健全的身体

在以前的社会中,中国人一向以"东亚病夫"呈现于世人眼前。有许多中国人不注意卫生,随地吐痰,身体羸弱,精神颓废,这怎能不以"病夫"为称呢?陈鹤琴认为要想进行"活教育"必须要有健全的体魄。身体的好坏,直接影响了道德和学问的程度。所以在《家庭教育》中和《幼稚教育》中陈鹤琴都把儿童的身体健康作为教育的前提。因为,只有拥有健全的身体才能把中国的教育改革进行到底,建立一个开放教育的体制。

(二)要有建设的能力

陈鹤琴指出:"我们现在急切需要的是各种建设。诸如文化、建筑物、山林古迹等等,不仅要消极地保存,还要积极地建设。就学校来说,学生在学校里应当训练他们从事于种种建设工作,大一点的应开辟校园、农场,设立工厂、图书馆,小一点的,修筑道路,整理桌椅,粉刷墙壁,布置环境,学校里面一切东西一有损坏,就要学生自己去修好,一有缺点,就要学生自己去补救。"现在的教育只注重学生的学习成绩,对于学生的建设能力毫不重视。试问如果学生缺乏建设意识,又怎样爱护学校的设施和国家公共财产呢?所以只有让学生自己去做,才能弥补学生薄弱的建设能力,才能使学生适应国家的需要,才能肩负起建设国家的历史使命,为国家的建设贡献自己的力量。

(三)要有创造的能力

创造能力一直是教育的终极目的。中国的千年教育中都有提倡教育培养受教育者的创造能力。但是,到了科举制度的时期,培养受教者创造力的目标受到了束缚。后来,随着"科学、民主"口号的兴起,培养创造力又回归到教育目的的队伍中来了。陈鹤琴认为:"我们急需培养儿童创造的能力。儿童本来就有一种创造欲。我们只要善为诱导,善为启发,可以达到事半而功倍的效果。"创造能力的培养应贯穿于教育的始终,必须从儿童的教育中开始才可以。在儿童教育中要多给儿童提供想象空间大的活动任务,让他们自己多动手。这样才能使儿童从小就拥有创造的冲动、创造的兴趣。才能在未来的社会中符合社会的要求,适应社会的大环境。

(四)要有合作的能力

中国一直主张集体主义的教育,但对于集体荣誉感的缺乏还是屡见不鲜的。如果中国人能够团结,又如何有外国侵华的屈辱史呢?陈鹤琴先生指出,合作精神是要从小培养起的,只有教孩子从小学会合作,训练儿童合作团结的方法,才能使他们能够在未来的建设风浪面前独当一面,做一个合格的中国人。

(五) 要有服务的精神

"如果我们训练的儿童,熟读各种知识和技能,可是不知服务,不知如何去帮助人,那这种教育就可以说全无意义,人原是利己的,但如何制止这种劣性而养成一种崇高的德行,这就是教育的目的,也就是使人与动物有所区别。"从陈鹤琴的这段话中,我们不难看出服务精神的重要性,如果教育一味地提高儿童的知识,不注重服务的训练,那这样的教育的结果一定是可悲的,是毫无社会价值的。只有儿童从小拥有为人民服务、为社会服务的精神意识,才能成为对国家建设有用的人才。

从上面的种种观点中,可见要符合陈鹤琴的教育目的是不容易的。陈鹤琴的教育目的,主要体现在"做"上,他认为做是一切成功的开始。"人"是做的根本。一定要满足以下三个方面才能从本质上完成"活教育"的目的。首先是要做人,做一个真正的人,就必须要学会热爱人类,学会热爱真理,学会爱护人民的劳动成果。其次,是要做中国人,世界存在很多国家,在各国文化、经济与政治相互融合时,做一个中国人必须热爱自己的国家,热爱国家的历史与文化,热爱国家的科学技术,并努力提高中国在世界各国中的地位。做中国人,就要同生长在同一块国土上有着同样命运的同胞们团结互助,把使自己国家兴旺发达作为唯一共同的目标。最后,是要做现代中国人,就要必须拥有把健全的身体、建设的能力、创造的能力、合作的精神、为社会服务的精神和谐地统一在一起。陈鹤琴提出的"活教育"的目的论从普遍到抽象,从人类情感层面提升为理性认识的境界,把民族意识、国家观念、时代精神和现实需求等逐层地渗透到理论中去,教育目标逐步具体,体现了人的发展、教育改革与社会变革的追求。"活教育"的目的论蕴含丰富的哲理,具有深刻的内涵,强调了从小塑造儿童良好的品德、健全的人格的重要性,贯串着爱国主义的精神,体现了民族性、时代性与世界进步相结合的思想。

三 "活教育"的课程论

陈鹤琴认为,大自然、大社会,都是"活教育"的活教材。其实就是指"活教育"要从根本上做起。他指出:"活教育的课程是把大自然、大社会做出发点,让学生直接向大自然、大社会去学习。"他认为从书本上得到的知识是"死"的,与儿童的经验隔离得太远,引不起儿童学习的兴趣,不利于学生的成长,"大家把书看作唯一的教育资料。要晓得书本上的知识是间接的,大自然、大社会才是我们活的书,直接的书。过去我们明明有无限丰富的活教材不知采用,只知道捧着书本子死读,其实书本子只能当作学习的副工具,无论是国语也好,常识也好,算术也好,无不皆然。"我们必须要摆脱传统教育的观念,摒弃"书本万能"的错误观念。如果教授的知识来源于自然或是社会,那就要给儿童充分的机会去接触自然与社会,让他们在接触的过程中自己去发现知识。只有把教育和自然、社会相结合,才能给儿童的教育提供鲜活、直接的感官刺激,让儿童在生动活泼的氛围中增长阅历,达到学习的目的。

提到"活教育"的课程,就要涉及到"活教育"课程的改革。陈鹤琴认为儿童的课程是可以以自然、社会为中心的,在教学的过程中不能漫无限制、毫无系统地去教儿童。"必定要有一种组织,在相当范围内,使其成为一个系统并使各科目中间互相连接起来发生关系的。因为儿童的生活是整个的,所以教材也必定要整个的、互相连接的,不能四分五裂的。"这样割裂的教育是违反儿童的生理和心理特点的。儿童的教学是不能一件一件隔离开来的,不必模仿大学的分科,所以他提出了"整体教学法"的教学体系。整体教学法就是把儿童应该学的东西整个地、有系统地去教儿童学。"这种教学法是把儿童各科功课打成一片,所学的功课是无规定时间学的;所用的教学是以故事或社会或自然为中心的,或是做出发点的;但是多用的故事或关于社会自然的材料,总以儿童的生活、儿童的心理为根据的。"[1]根据以上儿童教材改革的观点,陈鹤琴先生提出了从儿童生活、心理特点出发的"五指活动":第一,儿童健康活动;第二,儿童社会活动;第三,儿童自然活动;第四,儿童艺术活动;第五,儿童文学活动。关于"五指活动"的观点论述,在这里不做详细的介绍,在下面的章节中将会以独立的体系介绍内容。陈鹤琴认为"活教育"的课程编制主要分为三个阶段:第一阶段,以采取大单元为原则;第二阶段除国语及算术外,采用大单元及活动中心编制;第三阶段,除国语及算术外,采用活动中心编制。

为了使儿童读"活书",提高儿童对事物的兴趣,增进儿童的自主学习,陈鹤琴对教科书的编制十分重视,他从20世纪20年代就倾注精力于儿童教科书和儿童读物的编写,并积极地呼吁全国教育工作者一起来为儿童教科书的编排做贡献。他认为在特殊时期的儿童教育的教科书应区别于传统教科书。"无论在内容或形式上,现代课本的编排,都有一种新的趋势,这种趋势使课本与儿童之间的距离,分外地接近起来;使课本成为儿童喜看、喜读、乐于求解的好伴侣。"陈鹤琴认为教科书改革的编排一定要遵循以下几个原则:第一,课本的编排形式要采用"无边式",即课本中图画的地位与格式是全面的占有,在画的周围没有留下任何空白的地方。第二,课本的内容要接近儿童的心理,要明显区别以前的旧的课本内容。"以往课本的内容,大多是零星破碎、漫无组织、格言式的句子,平淡无奇的叙述,儿童读起来好比吃草根树皮,咀嚼不出丝毫的滋味来。"为了区别这样枯燥乏味的教材,陈鹤琴指出儿童新的课本要体裁故事化;第三,在课本的取材方面要"现实化""科学化"和"专门化"。

他针对取材的"现实化"说道:"儿童生活在现实环境之中。现实环境包括自然环境、社会环境、生理环境和心理环境四个方面。自然与社会构成了客观

---

[1] 杨南萍.谈谈陈鹤琴"整个教学法"思想在我国的运用[J].幼儿园教育教学.2006 (4).

的环境,而生理与心理则构成了主观的环境,客观环境与主观环境,相互渗透,变化无穷,致促成了现实生活的丰伟内容。自然现象的更新,社会关系的演变,所有一事一物、一光一热,都能引起儿童的好奇心和追求心。从现实丰伟的内容中吸取题材,能使课本成为做中教、做中学、做中进步的良好指导者,能使课本成为儿童喜读、喜看、乐于了解的新伴侣,只有当取材现实化的时候,课本上的知识才能成为儿童学习做人、做中国人、做现代中国人的具体参考资料。"所以从这段论述中,我们了解到儿童课本取材现实化的必要性。

至于取材的科学化,是针对以往教材的玄学化的有力反对。陈鹤琴先生认为,要从根本上实行课本科学资料的采用和科学态度的确立。对于专门化,他则认为应是整个课本内容采用系统的故事,而不是支离破碎、杂乱无章地堆砌的。

陈鹤琴的课程论从根本上批判了以往的"书本万能"的观念,把书本教材转移到大自然、大社会中,不仅从儿童的生活实际出发,扩大儿童知识的范围,还尤为符合儿童心理的发展特点。陈鹤琴先生的课程论来源于杜威实用主义和陶行知生活主义的相互作用。他从根本上做到了为儿童提供儿童喜爱的书本、刊物等。他还指出,幼儿园的课程不应该仅仅限制于教室之内,要把与自然、社会有关的课程转移到教室外去实施,这样才能真正做到结合实际去教学。

陈鹤琴关于教材系统性的建议与他的整体教学法是相呼应的。在《幼稚教育之新趋势》中,陈鹤琴指出幼儿园的课程要与小学一年级的课程相互联系。孩子在幼儿园的课程主要是以游戏等活泼的形式来进行的,但进入小学以后,课程几乎是以传统的教学方式来进行的,这样孩子就会需要有一个过渡期,有一些孩子可能会因为不适应而出现反抗情绪。所以,为了沟通起小学与幼儿园,有很多地方学校开始逐渐地鼓励小学一年级和幼儿园联系起来,成为一个系统。从实质上来说,这是从儿童生理与心理发展整体性原则出发的,只有各学科相互统一成为一个整体,才能真正地促进儿童的发展。

陈鹤琴先生的"活教育"的课程论强调了目标性、生活性、自然性、社会性、环境性、综合性和灵活性的有机整合的理念,突出了"活教育"的本质,体现了"活教育"课程论的超前性和科学性的和谐统一。

四 "活教育"的方法论

陈鹤琴指出,"活教育"的教学方法也有一个基本原则。这个原则就是"做中教,做中学,做中求进步"。他指出以往的教育是"教师讲,学生听"的模式,儿童一直处于被动接受知识的位置上,对于所学知识缺乏深刻的认识,只能凭借死记硬背来学习知识。虽然说这样的知识是前人经验的结果,是教育教授内容的重要组成部分,但是陈鹤琴认为,这样的教授只适合高年级的学生甚至是大学生,对于年龄比较小的儿童是不适合的。因为根据儿童的发展特点来讲,年龄较小的儿童的思想各方面并没有发展到成熟的地步,对于间接知识的理解是有限的,并且是不全面、不深刻的。儿童在较小的时候,对于事物的理解是通过感官的接触来实现的,如果教育者剥夺了儿童感官的需求,那么就是间接地剥夺了儿童接受良好知识的机会。所以陈鹤琴强调教学中应注重儿童直接经验的掌握,教师应积极地鼓励儿童去实践,去获得直接经验。他说,"活教育"的教学,应着重于室外的活动,着重于生活的体验,以实物作为研究对象,以书籍作为辅佐参考。换一句话说,就是注重直接的经验。在学校里,要给儿童自己去做、自己去想的机会,儿童只有自己做了,只有儿童用眼睛看到,用耳朵听到,才能真正地获得关于事物本身的性质,这样的做法获得经验好过教师把知识以讲授的形式传授给儿童,只有这样的知识儿童才能够理解深刻。儿童的世界需要儿童自己去探索、去发现。儿童通过自己做得到的这种直接的经验就是使人进步的最大动力。陈鹤琴先生认为,儿童做的过程是儿童形成直接经验的过程,就是他们思维能力提高的过程,也是他们"自动研究"的精神形成的过程。他指出,教育最要紧的,就是启发儿童这种自动研究的精神。"不让儿童自己去做他所能做的事情,不让儿童去想他自己能想的事情,等于阻止了儿童的身心发展。"儿童生来是喜欢游戏的，好动的，更是好奇的，对于自己周围的世界，儿童时刻充满了探索的好奇心，只要父母和教师善于利用孩子的这些心理，就能培养儿童的"自动研究"精神。他举了一个小朋友自己制作炮竹的例子，来说明自动研究的精神对儿童来说是多么的宝贵。他所说的自动研究精神，实际上就是他的"活教育"目的论中所提到的创造能力。这是作为一个现代中国人所应具备的必要品质，也是国家兴旺的希望所在。

陈鹤琴主张"做中教，做中学"。首先是教师之间要互相学习与尊重，在教学过程中不断完善自己的知识，扩大专业知识面。给学生创造学习的机会，把大自然、大社会中的"活教材"都积极地应用起来，要结合实际的情境，教授儿童怎样做。在陆地上学习游泳，是没有多大用处的。儿童尽管在陆地上日夜练习游泳，一到水里，还是要溺死的。你要儿童游泳，一定要在水里教他学；而且要他自己也实地到水里去，否则，光是你游泳给他看是没有用处的。只有让学生在实践中做，根据实践的结果去思考，才能够收获到更多的知识。

以往教育的教学采用的是注入式的方式，教师一味地教授给儿童知识，只是要求背下知识即可，对于知识的理解要求甚少，就更不要说给学生实践的机会了。陈鹤琴指出要打破沉闷的学习气氛，给儿童充分做的权利，让儿童在实践中获得科学的方法，能够运用科学方法去解决实际问题的能力，教师要在儿童做的过程中充当指导的角色，而不是命令者的身份，教师给儿童提供做的方向，教授儿童简单实用的做法，教授儿童总结实践的经验等。这样，学生既增长了知识，教师同时也在实践中获得了对于知识新的理解，这是何乐而不为的呢？

陈鹤琴认为"活教育"的教学分为四步：实验观察、阅读参考、发表创作、批评研讨。例如，一个学生要研究青蛙，第一步，要实地观察青蛙——"实验"，要求学生在这个过程中通过感官对于事物有全面的认识，让学生在充分接触的过程中观察事物的变化状态；第二步，要看一些参考书——"参考"，要求学生根据实验观察的思考,查阅已有的研究或资料,补充和证明自己的结论,从而加深对于知识的理解;第三步,是根据对活青蛙的观察、实验和所看到的参考书,写一篇关于青蛙生活的报告或编一个有关青蛙的故事、童话,这称之"发表",这个过程其实是把观察的结果和查阅的资料进行书面形式的整合,使认识层面升级到语言的层面,目的就是有利于学生更好地加工知识、记忆知识,这也是对于学生学习的一种最好的检验方式;第四步,教师和同学一起总结讨论这一学习过程——研讨,在这个过程中,其实是有分组学习特色的,当学生对学习的内容已有了理解的时候,由于思维的发展的限制,儿童对于知识的理解一定是不够全面的,这时,就要求教师组织小组学习,让学生在分享中讨论,在讨论中将知识升级,扩大对知识的理解程度。在这个过程中,教师可以指导给学生研讨的方向与内容,要控制好研讨的方向,使这样的学习是一种有组织、有秩序的好的学习方式,在这一教学过程中,教师所起的作用是引发、供给、指导与欣赏。

陈鹤琴指出"活教育"的实施是需要一定场所的,只有在具体场所内实施课程,儿童才能够得到对于发展有益的知识。"实施'活教育'的场所:在第一阶段是小动物园、小花园、小游艺场、小工场、小图书馆;在第二阶段是小工场、小农场、小社会、小美术馆、小游戏场;在第三阶段是儿童工场、儿童农场、儿童科学馆、儿童世界、儿童艺术馆、儿童运动场、儿童服务所。"[1]这样的场所是有利于儿童在实践中学习的,能够给儿童提供亲身做的机会,让教师通过亲自的实物操作,来引起学生的学习兴趣。这样的教学与传统的授课形式有很大的区别,传统的班级授课制,学生一直处于被动接受的状态下,很难对所学内容有强烈的兴趣。这也是违反儿童心理发展特点的形式。所以,学校要尽量给学生提供相当的教学设备,以符合儿童教育的要求。

[1] 雷克啸.陈鹤琴的"活教育"理论[J].教育评论,1987(2).

陈鹤琴"活教育"的这一基本原则是受到杜威的"从做中学"理论的启发，但绝非是简单的承袭，而是有发展创新之处。陈鹤琴在他的著作中明确地说明了这一点，他说："这一原则，可说是脱胎于杜威博士当年在芝加哥所主张的'寓学于做'的观点，但比较杜威的主张更进了一步，不但是要在'做'中学，还要在'做'中教，不但要在'做'中教与学，还要不断地在'做'中争取进步。"所以这是对杜威理论的升华的体现。陈鹤琴又进一步对此观点进行了阐述，他指出，教师与学生共同来做，必要时给学生以指导。他们在做与教中取得的直接经验，则是求得进步的主要因素。陈鹤琴主张在"做"中要发挥教师的主导作用。比如，通过教师对儿童的积极鼓励来促使儿童进步。陈鹤琴在书中通过很多实例来说明教师恰当的鼓励会成为儿童学习的动力，从而产生良好的学习效果。陈鹤琴曾明确地说，假如你看见一个小朋友演说得好，你称赞他几句，这个小朋友一定会格外努力。这是根据儿童喜欢被称赞的特点提出的。他主张，鼓励是教师的一个法宝，要经常使用这一方法，用积极的鼓励会激发学生学习的兴趣，使儿童愿意投入到学习中去，但陈鹤琴同时又说明了消极的鼓励尽量不要使用，儿童是很容易被暗示的，所以积极的暗示，也是一种鼓励的手段。他实际上就是强调教师在教育教学中的主导作用，但是这一主导作用要同儿童的"做"联系起来，不能脱离儿童的实际，妄加干涉，否则只会限制儿童的动作，阻碍儿童的进步。他认识到教师指导的重要性，他提出，学生的"做中学"必须要和教师的"做中教"结合，才能在"做"中求得进步。陈鹤琴的这一主张对于今天的儿童教育仍有很大的启发，我们要在赏读的同时，深切地思考，结合实际把这一方法论运用到实际中去，让它为实际教学服务的同时，也达到自身的提升与完善。

五 "活教育"的教学原则

陈鹤琴一直主张好的教学是有原则可遵循的,针对"活教育"的教学,他提出了具有重要价值的"活教育"十七条教学原则。主要从培养儿童主动性、教学方法、教学明确化、教学内容和教与学的合作化五个方面来论述的。

(一)培养儿童的主动性

第一,凡是儿童自己能够做的,应当让他自己做。

陈鹤琴认为:"没有一个儿童是不好动的,也没有一个儿童不喜欢自己做的。"所以为了儿童的发展在学校里的一切活动,凡是儿童自己能够做的,应当让他自己做,做了就与事物发生直接的接触,就得着直接的经验,就知道做事的困难,就认识事物的性质。陈鹤琴说:"'做'这个原则,是教学的基本原则,一切的学习,不论是肌肉的,不论是感觉的,不论是经验的,都是要靠'做'的。"只有充分地重视"做"这个原则,教学才能收到事半功倍的效果。陈鹤琴的这个原则是依据了儿童好动的心理。只有儿童自己动手,才能得到肌肉运动的快感。虽然做得不够好,但是儿童的兴趣是在做中不断升高的。让儿童自己动手就是给儿童自己做的机会,这是儿童天生具有的权利,是任何人都不应该剥夺的权利。

第二,凡是儿童自己能够想的,应当让他自己想。

陈鹤琴主张一切教学,不仅仅是在做上打基础,更应该注重思想上的功夫。传统的教学形式是教师在教室里对学生讲,学生望着教师竖着耳朵听。好一点的,教师在黑板上写写,学生在抄本书上记记,要用思想的是老师,儿童不过听听、看看、写写罢了这种填鸭式的注入教学法,完全忽略了儿童思考的重要性。陈鹤琴还指出，没有思想的行动就等同于盲动，等同于妄动。针对这样的教学方法，陈鹤琴依据思想对于儿童发展有重要性影响出发，提出了一切活动要让儿童自己去想。儿童不仅喜欢动手、动脚，而且也喜欢动思想。因此，学校里的各种活动、各种教学，都不应该直接去说明种种结果，应当让儿童自己去实验、去思考、去求结果。陈鹤琴说到，直接经验、自己思想，是学习中唯一的门径。思考对于发展的重要性全包含其中了。

第三，鼓励儿童去发现他自己的世界。

学校里教师利用传统方法教授的知识虽然看起来很多，但是儿童能够实际应用的还是很少。在学校里，教师教授什么，学生就学什么，每学期薄薄的几本书就是教师的教学法宝，这就被视为儿童知识来源的宝库。在这样教育下的儿童，所看见的世界只不过是十几本书的范围而已。对于世间万物的变化，社会的发展，儿童全然不知，又怎么去追求知识的真谛，验证知识的真伪呢？儿童接受的知识犹如囫囵吞枣，难于消化，不容易理解。针对这样的现象，陈鹤琴主张让儿童自己去发现身边的世界。从儿童心理特点来讲，小孩子是喜欢野外生活的，孩子到门外去就欢喜，终日关在屋子里就不高兴。所以，门外的大自然、大社会都是儿童的世界。探讨自然的神秘，研究社会的实际问题，都是儿童的活教材。陈鹤琴说："儿童的世界是儿童自己去探讨去发现的，他自己所求来的知识才是真知识，他自己所发现的世界，才是他的真世界。"只有这样，儿童才能真正地获得对于自身有利的知识，才能在实践中获得真理。

（二）注重教学方法

第一，积极的鼓励胜于消极的制裁。

没有一个人是不喜欢听好话的，尤其是儿童表现得更强烈一些。儿童从小就有喜欢被称赞的心理特点。你称赞他，就高兴，你骂他就反感。陈鹤琴指出应该利用儿童的这种心理教授儿童怎样做人，如何求学。就是要用鼓励的方法，来控制儿童的行为，来督促儿童求学。旧式学校总是用消极的方法来制裁儿童，这种制裁是不会产生多大效果的，有时候反而容易引起他们的反感。"活教育"是积极的，不是消极的。不要禁止小孩子不做这样，不做那样，要教小孩子做这样，做那样。不要禁止乱抛纸屑，要鼓励小孩子把地上的纸屑拾起来，丢在纸篓里。所以，我们使用鼓励的方法来教育儿童，让儿童产生改正的冲动，增强做正确事情的意识。

第二，比较教学法。

陈鹤琴认为，这一教学原则的好处在于使小孩子对所学的事物，认识得格外正确，印刻得格外深切，记忆得格外持久。譬如我们要教儿童认识一只猫，最好我们使用一只狗来做比较，让儿童在对比中分化出各自的特点而加深认识。比较教学法应用的范围较广，各门学科均可应用，连做人修养也可以应用。在学校里，教师除了以身作则以外，还可以用古今中外名人的故事来教授给儿童做人的道理。这样的教法较之来得具体，来得生动有趣。通过比较教学法，孩子对于所学的事物一定格外地感兴趣，认识得格外深刻。

第三，用比赛的方法来增进学习的效率。

儿童大多是喜欢竞争、比赛的。教师可利用这种心理去组织儿童比赛，去教导儿童，以增加儿童的学习兴趣，促进儿童的学习效率。比赛中必须教导儿童胜者不骄，败者不馁。比赛一般分两种：一种同别人比赛，一种同自己比赛。同别人比赛又分两种：一种是团体比赛，一种是个人比赛。同自己比赛有两种益处：一是容易得到鼓舞，不容易灰心。通过这样的比赛，儿童就会增强兴趣，更加容易努力了；二是明了自己的成绩，高兴学习。在全队比赛中，可以培养儿童团队合作的美德。

第四，积极的暗示胜于消极的命令。

小孩子喜欢听好话,不喜欢听恶言。利用这种心理,教师可用激励教育法去教育儿童。积极的暗示就是一种激励教育法,积极的暗示是软性的,比消极的命令要费时间精力,但其效果却非常之大。暗示可分为语言、文字、图画和动作四种。其中动作的暗示性最大,动作愈大,暗示性愈大。做父母、教师的应当以身作则,利用动作的暗示去教育儿童。平时还可以给儿童观看一些有意义的电影,实施教育。

第五,替代教学法。

儿童有多种心理特点,根据儿童的不同心理特点,陈鹤琴提出了不同的代替方法。下面让我们分别来了解他的代替方法。①小孩子是喜欢玩弄的,如果看见他玩脏的坏的东西,就得想法用新的、清洁的、好的东西去代替。儿童同样可以得到玩弄的经验。这是一种以物代物的方法。②小孩子是喜欢画画的,如果看见他在墙壁上、地板上乱涂乱画,就得给他大的空白纸,让他在纸上去画,来鼓励他的兴趣。这是一种以建设代替破坏的方法。③小孩子是喜欢占有的,如果儿童有你争我夺、东挪西扯的事情发生,就得给儿童相当的设备,比如书、玩具等,鼓励他们多集贝壳、邮票、钱币、昆虫等,以满足儿童的占有心,同时还可以培养他们的兴趣。这是一种以搜集来代替争夺的方法。④小孩子是喜欢合群的,对于孤独而没有伴侣的小孩子,就得替他找一个伴侣。若没有真的小孩子做伴侣,就得用洋娃娃或清洁的猫狗去替代他的伴侣。⑤小孩子在学校里无形中会有组织,当发现他们三五成群、四五结队地做出不正常举动时,教师应当利用他们的合群心理、组织能力,把全体儿童组织起来,开展各种课外活动,使其合群心理得到满足。这是一种以正当的组织代替不正当之活动。⑥小孩子是喜欢游戏、喜欢赌博的。当发现他们到街上去赌抽签糖、转转糖时,教师就应当以游戏去取而代之。运动游戏可以满足小孩子的侥幸心理,游戏是可以代替赌博的。所以,陈鹤琴认为,我们要使用各种好的代替方法来满足儿童的欲望,发展儿童的个性，培养儿童的健全人格。

第六，分组学习，共同研究。

陈鹤琴认为"活教育"应该区别于传统的班级教学，而主张分别学习，以适应个别差异，依照各人的智力、体力、能力的不同而发展。但分别学习，又必须分组研究、共同讨论。因为和别人讨论就有刺激，有刺激就有反应，刺激越多反应也越多。集体学习就是分组研究、共同讨论的方式，是"活教育"教学原则的一种方式，也使刺激和反应的程式由单轨变为复轨。让每个人都有意见发表，彼此都有不同的思想，思想愈多愈复杂，就可以整理出真理来。

第七，教学游戏化。

游戏是人生不可缺少的活动，儿童好游戏，人们均好游戏的。利用这种心理特点，教师把教学游戏化，把枯燥无味的认字造句的读书活动，化为兴致勃勃的游戏活动，就可以在做的过程中，培养学生兴趣，提高学习效率。培养兴趣，就是教学游戏化的真实意义。但在教学游戏化的过程中，要注意方法与目的的配合，游戏的方法本来是为教学目的而服务的，注意给多数人活动的机会，要充分给每个儿童同等的活动机会，使每一个儿童都能积极地参加到活动中。

第八，教学故事化。

这一原则是从"儿童爱好故事"这一理论基础所产生出来的。陈鹤琴认为，教学故事化对于儿童有重要的影响；①故事与儿童的情感有交流作用；②故事情节的神奇，能满足儿童的好奇心；③故事能激起儿童的想象力；④故事组织得完整，适合于儿童的学习心理。教学故事化有两方面的意思：一是教材故事化，用故事的体裁来编排教材；二是教法故事化，一个好的教师要善于引起儿童的学习动机，教学故事化是"活教育"的新要求，这样的教学对于学生的学习是大有裨益的。

第九，精密观察。

观察是活的知识的基本方法,而精密观察则是开启真理宝藏的钥匙,握着这把钥匙,我们便能接近科学的真理。通过观察所获得的知识是直接的知识;亲身阅历的经验,印象最深刻,对于教学效果是最有益的;观察中我们可以发现问题,更容易从根本上去解决问题;在观察中可以培养儿童学习的兴趣与求真的态度。这一教学原则是通过实地观察来施行教学,更要通过实际研究来培养儿童善用观察的学习态度,使教学有良好的效果。教师在教学过程中应用观察的方法,便能增进教学的效果,即不仅能促进教学兴趣,而且儿童的人生态度,也将因此而得到健全的发展。

(三)教学明确化

第一,你要儿童怎样做,就应当教儿童怎样学。

陈鹤琴指出:"你要儿童说话说得很得体,做人做得很好,你要他处事接物,都很得当;你一定要使他在适当的环境之内,得到相当的学习。"知道做事的困难,儿童就会认识到事物的本质。这一条原则强调儿童动手去做,去亲身实践。譬如游泳,在陆地上学是没有用的;譬如烧饭,在教室里讲饭怎样煮,也是没有用的。只有给儿童正确的环境,教授儿童适当的学习内容,儿童才会真正地学习到知识与本领。

第二,注意环境、利用环境。

小孩子都是喜欢玩耍,喜欢游戏的。儿童既然喜欢玩耍,大自然、大社会中都可以找到很多好玩的东西来做活教材和活教具。譬如中国的麻将,原是一种赌具,但经改造可以变成一副活教具。又如西洋的钟型赌具,经过改造,也可成为一种算术教具。再如傀儡戏,经过改造,也可变成活动的教具。总之,大自然、大社会中有许多东西,初看起来与你所教的没有关系,但仔细研究,便可变成很好的教材和教具。

总之，教师要善于发现生活中的教具，尽量使用活的教具，使用真实的事例教授儿童怎样做，这样对于儿童的发展才是正确的。

（四）注重教学内容

大自然大社会是我们的活教材。

儿童喜欢野外生活，到野外的大自然、大社会中去探讨、去追求，就可获得确实而经济的直接知识。书本上的知识是间接知识，儿童完全没有经验过，读了也不可能完全理会。大自然、大社会是我们知识的宝库，是我们的活教材、活教师，我们应当向它们领教，向它们探讨。陈鹤琴认为："这种教学，教师教起来，多么生动，多么深刻；学生学起来，多么兴奋，多么有趣。我们何必一定要把一部活地理四分五裂，呆呆板板地教小孩子死记死读？"所以，必须让儿童到大自然、大社会中，通过"现代"的活教材研究到"过去"的死知识上去。

（五）教与学的合作化

第一，教师教教师。

所谓教师教教师，就是举行教学演示或者组织巡回教学辅导团一类的活动。这是近代教育方法上的一种新趋势，不仅能够在一个学校、一个城市里举行，同样可以应用"分组学习，共同研究"的原则，推行到所有学校中去，对于充实教师本身、提高业务水平有较大的帮助。教学演示的巡回教学辅导，是教师教教师的最好方法。一个优良的教师一定乐意参加教师教教师的工作，来充实自己的本身。通过这样的形式，教师可以共同研讨关于学生的课题，为解决学生的学习问题，提供实际有效的方法。

第二，儿童教儿童。

儿童教儿童的意思是让儿童来教育儿童，让儿童来指导儿童，这一条教学原则是根据陶行知的"小先生制"提出来的。这种办法一方面可补充教师数量的不足，有益于教育的普及；另一方面可以对教师的教学起辅助作用，有益于教学效果的提高。因为：①儿童了解儿童的程度比成人所能了解的更为深刻；②儿童鼓励儿童的效果比成人所能获得的更为巨大；③儿童教儿童教学相长。在这一原则被确定之后，陈鹤琴又提出了儿童怎样教儿童的办法。即个别儿童轮流教；各校儿童轮流教；各城市儿童轮流教；各国儿童轮流教。他希望通过"儿童互助运动"，使人类文化得到一分推动之力。可见陈鹤琴不仅着眼于本国的教育，而且也着眼于世界的文化教育。更加的希望中国的儿童教育可以与时俱进，中国的儿童教育理论被世界所认同。

陈鹤琴的教学原则是从实际教学中提出的。首先，陈鹤琴先生一直主张儿童"做"的重要性，认为做是教学的基础。主张让儿童自己做，自己去想，亲自去探寻周围世界的奥秘；其次，注重儿童主动性与主体性相结合。认为教师应当重视引导儿童自我发现的学习，在幼儿园的教学中要注意突出幼儿的主体作用，让幼儿参与活动，做活动的主人，充分强调幼儿的主动性、积极性和创造性。第三，教师要利用活教材、教学方法的多样性原则。大自然、大社会都是活教材，教师要主动地探索环境中的有益教具，做一个对儿童教育的有心人，为儿童的发展提供机会；第四，尊重儿童品德教育。陈鹤琴指出，要使用积极的暗示，而不是消极的命令。要在激励学习和培养兴趣的同时，尊重儿童的自尊心和自信心，让儿童的学习中充满自信的气氛；最后，陈鹤琴先生提倡"教师教教师"和"儿童教儿童"的合作化学习。这种合作，不仅能够促进教师之间的相互学习，还有利于儿童之间的相互发展。陈鹤琴先生的《"活教育"教学原则》里的闪光思想是我们现今教育的宝贵财富，只要我们能够借鉴陈鹤琴先生的思想，在品读中自我完善，不断发展，中国的儿童教育一定会更上一层楼的。

六 "活教育"的训导原则

陈鹤琴先生立足于教育的实际,提出了"活教育"目的实施的基本原则,即"活教育"的训导原则。陈鹤琴先生指出:"训导工作在整个的教育工作上可以说是最繁重最重要的。"教育有了原则,才如旅行有了向导,航海有了指南,才能达到对学生进行德育教育的目的。

(一)训导原则的内容概述

原则一,从小到大。孩子要从小训练,养成优良的习惯和正确的态度。认为孩子时代接受了良好的早期教育,可以为青年期的教育奠定坚实的基础,取得事半功倍之效。

原则二,从人治到法治。陈鹤琴反对当时讲人情的社会风尚的影响,认为人治与法治的最大区别在于:人治易受环境变迁的影响,法治则对于权衡有一定的准则,相对比较稳定。他还强调在学校中建立各种必要的规章制度,以保证儿童的行为有标准的规范。

原则三,从法治到心理。陈鹤琴指出教育工作只循法理并不能完全解决问题,教师一定要懂得学生的心理,才能做好训导工作。

原则四,从对立到一体。陈鹤琴反对传统教育中沟壑分明的师生关系,提倡教师要视学生为自己的子弟,学生视教师为自己的父兄。他还主张在学校中师生双方应共同生活,共同研究,共同学习做人,建立和谐融洽的新型师生关系。

原则五,从不觉到自觉。教师要使用各种有利的方法唤醒儿童的努力意识,让儿童了解自己的能力,知道自己对社会的责任,充分挖掘学生的潜能,调动学生主体的主动性、积极性和创造性,实现学生的价值。

原则六,从被动到自动。陈鹤琴把训导工作分成3个阶段:完全由教师管理、团体管理和学生自己管理,这三个阶段是逐级增加的,是被动到主动的发展过程。他主张教育要以学生为中心,重视培养学生自我教育、自我管理、自我服务的能力,促进学生的自我成长。

原则七,从自我到互助。陈鹤琴认为人都是有自私心的,但人的自私心应当用崇高的道德观念来克服,他主张教育要养成学生"互助"的习惯,发挥集体力量和团队精神,增进互助和合作,这样不仅对于儿童有益,对于教育本身也是有裨益的。

原则八,从知到行。学生对训导的原因、内容和要求等要有所认知,更要践行,而不能知而不行,教育要使学生正确认知,重视实践,做到知行统一一致,理论与实际相互联系,才能起到教育儿童的作用。

原则九,从形式到精神。说精神可以影响行为,由此说明训导工作不能只求表面化,而不顾实际效果。

原则十,从分家到合一。陈鹤琴总结了当时学校实行训导和教务分开,结果使训教脱节的教训,主张学校训导工作应当训教合一。

原则十一,从隔阂到联络。陈鹤琴认为如果学校与家庭的关系发生隔阂,不利于学校和家庭之间沟通协作。其实学校可以通过家庭访问、召开家长会等形式,把学校和家庭联络在一起,共同联合起来采取双轨道行动来督促学生。

原则十二,从消极到积极。陈鹤琴先生主张对于那些犯规或有不正当行为的学生不要采取消极防止或制裁的方法,而要积极引导他们消除错误的动机。

原则十三,从空口说教到以身作则。"活教育"强调学生对教师的敬仰绝不是靠欺骗或权威获得的,而是由学生对教师的道德和学识的钦敬而来。"言行不一的人,本身德行已有亏,安能为人师表,学生对他决无敬仰。"教师自身保持高尚道德，时刻以身作则，训导工作才能成功。

陈鹤琴先生的训导原则是道德教育的基础。首先，从中我们可以看到陈鹤琴先生提倡要注重儿童思想认识，对于学生的错误要耐心地进行教导。要根据儿童的年龄和个体差异的不同，进行不同形式的德育教育，要注意因材施教，有的放矢。从根源上帮助儿童认识事物的本质，让儿童在实践中成长；其次，要求学校、家庭和社会做到协调统一，要经常保持联系，增进沟通，以使校内外对学生的教育协调一致，互相配合，从思想上影响儿童的行为。

（二）德育方法的运用

陈鹤琴先生的"活教育"训导原则蕴含着切实可行的德育方法，通过对方法的解析，可以更进一步地认识训导原则的深刻内涵。

第一，积极鼓励。陈鹤琴指出儿童都是喜欢鼓励、厌恶命令的。"法治"并不是目的，而是达到健康人格的手段而已，教师要善于使用积极的鼓励，少些使用消极的命令，让儿童在愉悦的环境下，提高思想境界，改正错误的行为。

第二，榜样的力量。陈鹤琴强调教师要为人师表，父母要以身作则。要用身边的好人好事激励孩子，给孩子建立正确的服务习惯。

第三，互助式学习。陈鹤琴主张让孩子逐渐通过他管的形式发展成自制的形式。培养儿童的主动性可以通过互助来实现，在互助的过程中，儿童能够体会到合作与团结的精神，逐渐养成爱帮助人的好习惯。

陈鹤琴的训导原则的实施，强调了学生的主体性，要求教师与学生有同等的平台，给学生充分的机会提高思想认识，教师要做学生的伴侣，在引导的同时要给予更多的帮助。这是对于中国式教育最大的挑战，中国教师高高在上的观念已植根于国民的思想中，所以这是需要一个很长的过渡期；陈鹤琴还强调了教师的主导作用和德育素质的要求。教师是学生接受德育教育的领航者，在整个教育过程中起到主导作用，教师一定要严宽并济，在教导的过程中充满对学生的关心与爱护之情。教师的德育素质是重要的决定因素，教师要本着实干的精神，甘于奉献，切实把德育孕育在实际情境中去教授。这从根本上指出了教师专业素养的重要性。

"活教育"的训导原则强调要培养儿童的主动性，让儿童在自觉中进行德育的教育。这与德育的"知、情、意、行"和"理论联系实际"的规则是一致的，知、情、意、行四方面是相互联系、相互促进的，道德行为是受道德观念、道德情感、道德意志调节的，又对道德观念的巩固和发展，对道德情感的深化和丰富，对意志的锻炼和加强都起着促进作用，教师在德育过程中，对学生要晓之以理、动之以情、持之以恒、导之以行，才能取得良好的效果，才能在真正意义上对儿童进行道德的教育。

七　"活教育"的"五指活动"

　　陈鹤琴在"活教育"的课程论中根据儿童教育的必要性,提出了儿童教育课程的改革方案,即"五指活动"。一是,健康活动:包括饮食、睡眠、早操、游戏、户外活动、散步等。二是,社会活动:包括朝夕会、周会、纪念日集会、每天的谈话及政治常识等。三是,科学活动:包括栽培植物、饲养动物、研究自然、认识环境等。四是,艺术活动:包括音乐(唱歌、节奏、欣赏)图画、手工等。五是,语文活动:包括故事、儿歌、谜语、读法等。

　　陈鹤琴指出:"幼稚园的课程全部包括在五指活动中,并采用单元制,各项活动都围绕着单元进行教学。"在"五指活动"的教学上,陈鹤琴认为,课程教材必须以儿童经验为基础,儿童能够学得会的,并且能够使用学习的知识适应社会的需要。

（一）"五指活动"的课程组织

　　课程应以自然和社会为中心。陈鹤琴指出:"小孩子能够学与应当学的东西,本来是很多的,但是我们不能就这样漫无限制地毫无系统地去教他。总必定要有一种组织,在相当范围内,使其成为一个系统并使各科目中间互相连接起来发生关系。"陈鹤琴把这种有系统性的教学称为"单元教学",也可以称为"整个教学法"。

（二）"五指活动"的课程实施

　　课程应采用游戏、小团体式的教学方法。陈鹤琴认为儿童的生活是以游戏为主的,儿童总是喜欢游戏的。幼儿园的课程又是很容易游戏化的,儿童在游戏活动中学习，会有事半功倍的效果。陈鹤琴还主张多采用小团体的教学法，他认为幼儿的年龄不齐、智力不同、兴趣不一，应当区别对待、分组施教，以使处于不同发展水平的幼儿都有所长进，更好地进行因材施教。后来，他又继续提出比较法、比赛法、替代法、观察法等。通过多样化的方法，生动、形象、具体地向幼儿进行教育，既可以增强教育效果，又使幼儿的兴趣来得格外浓厚。

（三）"五指活动"课程编制的方法

陈鹤琴认为"五指活动"的课程编制要采用圆周法、直进法和混合法。所谓的圆周法就是各班课程相同而教学要求是根据已有知识由浅入深的；直进法就是各个班的学习课题和要求都不尽相同；要针对不同的授课对象，制定不同的内容与要求；混合法就是学习的课题和要求会根据具体情况而有所相同，这主要取决于授课的环境和对象。

"五指活动"在方法上注重多方法的结合，并且提出根据对象的不同应弹性地设计教学课题和要求。在内容上注重儿童兴趣的激发，能够从儿童自己周围的世界中寻找教材，把大自然和大社会作为儿童教育的活教材。陈鹤琴提出的整个教学法虽然有其一定的理论依据，但是对于高年级的儿童来说，教育的实施还是要分科学习的，因为一味地整体实施是不合逻辑的，这能让儿童的知识混乱，没有系统性。"五指活动"课程中的一些思想、观点和方法对我国现阶段幼儿教育课程的改革和编制仍有指导意义。时代在发展，我们应该从前人的理论中汲取营养，积极创新，而不是死搬硬套。

"活教育"经过长期的探索提出了培养"有健全身体、建设能力、创造能力、合作及服务精神"的现代中国人，依然是当今社会发展的需要，体现了他"活教育"目的论的时代性；"大自然、大社会都是活教材"的课程论，是依据儿童心理特点提出来的，从增加儿童经验着手，实施整体的教学模式，可以体现出其教育是以儿童为主体的;"做中教,做中学,做中求进步"的方法论,是它目的论的实施原则,重要体现了"活教育"的"做"的过程。在"活教育"中他提出了"活教育"实施的"十七条教学原则",重点突出了"活教育"的思想,更是"活教育"灵魂的体现与精髓。

"活教育"的产生是社会发展与时代进步的产物,更是理论与实际相结合的代表。中国式的传统教育,主要是把儿童的思想禁锢在书本上,把授课的形式限制在教室内。为了打破这种不利的形式,陈鹤琴提出了"活教育"思想,并且指出只有"活教育"的思想,才能打破这种传统的教育。在不断实施的过程中,他把教育的目的、教育的课程和教育的方法都具体化,并且都有了详细的叙述性说明,有力地打击了封建教育的思想,为中国新教育的发展带来了新的希望。

"活教育"的对象是幼儿园至小学六年级的儿童。他明确指出,"活教育"要以儿童为中心,要给儿童充分做和思考的机会,教师在儿童教育过程中主要起辅助作用,这也是与传统教育区别较大的一个方面。这个观点在一定程度上调动了儿童的积极性,还有利于儿童兴趣的提高,但忽视了教师的主导作用。"活教育"还主张在方法上下工夫,不能用大学的讲授方式给儿童教授知识,要善于使用诱导的原则,实地教授给儿童知识和经验。但是他的整体教学法,试图探索一种适合各个年级的教学模式是具有一定局限性的,因为根据各个阶段儿童具有不同的特点而言,教学模式应是不尽相同的,而且应有别于阶梯性。实际上,陈鹤琴对于"活教育"的实施还是不全面的,例如,如何使用教材,如何控制授课的时间等等,这些方面对于教学都是非常重要的,但他并没有做出论述。所以,我们在此基础上要有发展的观点,使已经成熟可以实施的观点更加完善,为儿童的健康学习提供更多的参考与指导,使儿童的教育事业更加与时俱进。

名著之三:《家庭教育》

小孩子的知识之丰富,思想之发展与否,良好习惯之养成与否,家庭教育实应负完全的责任。

——陈鹤琴

陈鹤琴先生于1914年回国后任南京高等师范学校教授，在任教期间他一直教授"儿童心理"一课。在教学过程中，通过研究与总结，他便对儿童的心理有了自己的独特见解。有所见解之后，他便对家庭教育产生了浓厚的兴趣。次年，他的长子一鸣出世，就对儿子做了"实地考察、实验"。用日记的方式，从儿子出生之日起，逐日对其身心变化和各种刺激反应进行周密的观察和实验，把每天的活动做详细的文字记录和摄影记录。他把研究儿童心理及从事家庭教育的实践经验，结合父母对待儿童的态度和方法，于1925年写成《家庭教育》一书。此书自问世以来再版十余次，很受家长欢迎。陶行知先生曾撰文《愿与天下父母共读之》，认为《家庭教育》一书是近代中国出版的教育专著中最有价值的著作。

要想了解陈鹤琴的儿童家庭教育思想，就要从陈鹤琴的儿童家庭教育思想的研究背景、实施教育的原则、家庭教育的内容、教育原则方法等方面来进行分析。陈鹤琴的家庭教育是在中西文化的共同影响下形成的，具有科学性与指导性。

一　我们为什么要进行家庭教育

儿童自降生开始直至上学期间,主要的生活环境就是家庭。这一阶段正是儿童各个方面发展的黄金时期,只有在此时期对儿童进行良好的教育,才能给儿童未来的健康奠定坚实的基础。

(一) 儿童自身发展的要求

儿童刚出生以后是十分脆弱的,不仅对于生存缺乏自理能力,就是在生活上也同样缺少知识和经验。对于生存的能力和生活的知识技能,除了生理上的不断完善以外,还需要后天环境的改造。后天环境对于儿童的改造可以有好坏两个方面的影响,为了控制这种影响向着良好方向发展,就需要有好的教育做指导,而这个时期恰恰是家庭教育起主导作用。所以,从儿童本身发展来说,是需要家庭教育的。

(二) 社会的需要

儿童是社会的幼苗,是祖国兴旺发达的希望。只有祖国的儿童健康、阳光、向上,祖国的命运才是光明的。社会这个大组织没有足够的精力把所有刚出生的儿童集中起来进行教育,学校也不可以。只有作为社会最小单元的家庭是最适合的。只有家庭把儿童的教育重视起来,社会才能安心地为人民谋福利,为国家创辉煌。所以,从社会的要求来讲,家庭教育是必须的,而且是必须要做好的一项工作。

二　儿童心理发展的特点

　　陈鹤琴先生认为儿童心理特点是家庭教育的基础。他曾指出："要教养儿童，我们非要懂得儿童的生理与心理不可。我们要教养儿童必须要研究儿童的身体如何发育，儿童的心理如何发展，儿童的知识如何获得，儿童的人格如何培养，这种种问题要在未做父母之前应当有初步的研究；既做父母之后，应当继续不断的注意。"对于儿童生理的发展特点，陈鹤琴在《儿童心理之研究》中已做了详细的介绍，所以只有了解儿童的心理才可以施行相对的教育。因此陈鹤琴在《家庭教育》这本书中把儿童的心理发展特点进行了细致的分析，下面让我们一同走进儿童的心理。

（一）小孩子是好奇的

　　世界对于儿童来说是全新的、陌生的，面对这一崭新的世界儿童会产生强烈的好奇心，他们不厌其烦地询问：这是什么？那是什么？这是为什么？那是为什么？遇到不懂的事情总想弄明白。好奇心引发出浓厚的兴趣，从而产生强烈的求知欲。

　　儿童对于周围一切新鲜的事物都会产生好奇心。一好奇，就要与新的事物接触。一接触，儿童就知道接触事物的性质了。所以，儿童与新的事物接触得愈多，儿童的知识就会相应的愈广。虽然有时儿童因一时好奇而得到的知识，并没有马上显现出来，其实是并不具备这个知识显现的情境，所以知识内隐于儿童的记忆中，当相似的情境出现时，儿童的相应知识就会发挥作用了。比如，儿童一时地把木块放进水里，木块漂浮于水面之上，儿童的好奇心马上就被引起来了，儿童就会试图将木块压于水面之下，经过多次尝试之后，儿童渐渐明白木块能漂浮于水面之上，儿童可能并没有把这个知识告诉父母，而是在日后相似的情境里，儿童会告知父母其实他早已经知道木块不会沉下水了。所以，陈鹤琴先生指出，好奇是孩子得到知识的一个最紧要的门径。

（二）小孩子是好动的

儿童生来是好动的，他喜欢听这个，看那个；推这个，动那个；忽而玩这个，忽而弄那个；忽而站，忽而立；忽而跳，忽而跑。没有一刻的工夫能像大人一样规规矩矩地坐着。那么可能有的家长就要问了："为什么儿童好动呢？"因为感觉与动作是连通的，当儿童想到吃的时候，他马上就会去寻找食物；当感觉痛的时候，儿童也会毫无顾忌地大哭起来。总的来说，是因为儿童还没有养成自制力，所以儿童的动作不受理性的支配，完全受本能冲动的支配。因此，儿童才不像成人那样有自制力。

对于好动，家长似乎会提出寻找让儿童不好动的方法。陈鹤琴认为，一个儿童的生活就应该是充满动作的，只有拥有了动作，儿童的生活才能获得知识经验，在这里陈鹤琴先生也为我们做出了很好的例证。在陈鹤琴看来，好动对于儿童的成长来说是有利而无害的。儿童生来是无知无识的，那么在成长的过程中儿童又是怎样增长知识的呢？这就要归功于好动心。儿童生来并不知道冰是冷的，火是热的，铁是坚的，水是弱的。对于世间万物，儿童并不了解某事物的性质，某种东西的滋味，那么儿童又怎么能像成人一样顺利地支配工具，控制事物呢？儿童不支配事物，动作又怎么会得到发展呢？道德又怎么会提高呢？智力的提高又从何说起呢？要想让儿童以上的各种技能与品质得到很好的发展，那就要允许儿童的好动心。允许儿童第一次吃冰，允许儿童第一次摸铁，允许儿童第一次玩土，这样他才会渐渐地明白铁是坚的，冰是冷的，土是软的，这样对于世界儿童才会越来越了解，他的知识也会相应地得到增加，智力也会相继得到提高。因此综上观点，儿童有好动、好玩、好游戏的天性，儿童喜欢与外界事物接触，而这种接触极大地丰富了他们的知识，发展了他们的能力，使他们逐渐了解自己所生活的世界。这就告诫我们应该给儿童充分的机会，适当的刺激，使儿童与世间万物更好地接触，这才是给儿童好的教育的开始。

（三）小孩子是好模仿的

处于成长期的儿童是不成熟的、爱学习的、好模仿的。对成人的一言一行和同伴的一举一动，他们都会主动模仿。模仿是人的一种本能，是儿童学习、成长的重要方式，个体最初学会的种种本领，大都是通过模仿而得来的。正因为儿童喜好模仿，所以他们容易接受教育，可塑性的空间非常大。

对于模仿心，陈鹤琴认为青年老年都有，只是在儿童的身上格外凸显。儿童学习语言、风俗、技能等等，大都是依赖于模仿心。儿童生来不能说方言，从开始的牙牙学语时还不明显，可是到了三岁左右，当地的方言儿童就已经学会了，而且能与人顺利地交流。当一个儿童生在国外时，在当地人长期的语言氛围下，儿童也会学会当前国家的语言。例如，生在英国的中国儿童，经过长期的模仿与熏陶也会说英语了。

儿童的模仿心不仅体现在语言上，还有就是文化上。倘若如果长期生活的环境是奢侈繁华的，那么期望他日后能节俭朴实也是有困难的；倘若生活的环境是卑鄙龌龊的，期望儿童日后光明正大也是需要长期改造的。这样说来，儿童品质的好坏，不仅有先天遗传的作用，还取决于后天环境的影响。当儿童出现不良的行为时，家长要善于从改变环境来对儿童的行为进行塑造，而不是用传统的说教教育儿童的行为，这样的教育是很难奏效的。从这点来说这是从儿童的模仿心出发的。

儿童具有较强的模仿心，这就要求父母在日常生活中要格外留意自己的一言一行，因为每一个举动都会影响到儿童。做教师的也要"以身作则"，要给学生一个好的学习榜样。让儿童在模仿中，发展自强、自立的坚强品质。

（四）小孩子是好游戏的

小孩子生来就是好动的，两三个月的婴儿就能在床上不停地玩弄自己的手脚。五六个月的时候，看见东西就拿起来往嘴里放，再大一点的时候，就能推玩东西了。到了三四岁的时候，儿童的游戏开始变得复杂了，开始能进行模仿游戏和象征性的游戏了。游戏对于儿童是有很重要的教育作用的，关于这点在《儿童心理之研究》中我已经叙述了，所以此处不再赘述。

总的来说，孩子天生爱动，游戏是孩子的主要活动。陈鹤琴指出："要多运动，多强健；多游戏，多快乐；多经验，多学识，多思想。所以做父母的不得不注意小孩子的动作和游戏。第一，做父母的应该有良好的设备使小孩子得着充分的运动；第二，做父母的应有适宜的伴侣使小孩子得着优良的影响。有此二者，小孩子的身体就容易强健，心境就常常快乐，知识就容易增进，思想就容易启发了。"

（五）小孩子是喜欢合群的

陈鹤琴认为："凡人都喜欢群居的，幼小婴儿，离群独居，就要哭喊，二岁时就要与同伴游玩。到了五六岁时，这个乐群心就更强了，经常会主动要求与同伴一起进行活动。假设此时没有同伴游玩，就会感到孤苦不堪。到了十余岁，儿童就喜欢结队成群去游玩。"如在家里没有同伴，他们就会往外寻求了。儿童的好群性是他们实现社会化的根本保证，只有儿童能够长期拥有良好的同伴，健康的同伴关系，儿童的健康发展是必然的结果。成人应该利用这种好群心理，使儿童交到良好的朋友。组织好集体，以教育儿童。在陈鹤琴看来，父母可以根据儿童的这种好群心,从三个方面来教育儿童:第一,使儿童有良好的同伴;第二,给儿童训好的小动物做玩伴;第三,给予娃娃之类的玩具,疏解儿童的寂寞。

(六)小孩子是喜欢称赞的

陈鹤琴认为:"两三岁左右的孩子就喜欢'听好话'的,喜欢旁人称赞他的。比如,今天穿一件新衣服,就要给他父亲看;着了一双新鞋子,就要给他同伴看。到了四五岁的时候,这种喜欢赞许的心理还要来得浓厚。假如孩子不愿刷牙,你可指着一个牙齿洁白而肯刷牙的孩子说:'他的牙齿多好看,多清洁,你若天天刷牙也会这样!'当他刷了牙之后,你可称赞他说:'呀!你的牙齿是白一点了,好看多了。'他听了必然感到很高兴,下次洗脸时就喜欢刷牙了。"适当的赞许会激发孩子的荣誉心和上进心,激励他们不断进步。所以,陈鹤琴认为,积极的鼓励比消极的刺激好得多,起到的效果也是显著的。在心理学里,这种观点也得到了证实,认为积极的称赞比惩罚更有利于儿童的健康成长。小小的鼓励可以增加儿童学习的兴趣,促进求知的欲望,要善于利用这心理,鼓励儿童养成良好习惯,学会做人。当然,父母运用这种方法时要实事求是,恰如其分,实施及时,切忌滥用。

(七)小孩子是喜欢成功的

陈鹤琴认为,小孩子固然喜欢动作,但更喜欢动作有成就。比如,一个小孩在沙箱里玩沙,他尽管一把一把地捞进罐头里去,捞满了把沙倒出来,又再一把一把地捞进去,捞满了又倒出来。这种动作表面上看没什么成就,仔细考查起来,一把一把地捞进罐头里去固是一种动作,但罐头装满了就是动作的成功。他说,孩子一有成就,就很高兴,就有自信力;成就愈多,自信力也愈大;自信力愈大,事情就愈容易成功。因此，自信力与成功就互相为用了。当然，孩子做的事情不要太难，若太难，就不能有所成就；若没有成就，孩子会灰心而下次不肯再做了。

（八）小孩子喜欢野外活动

孩子整天待在家里，就会闷闷不乐，一旦走出家门，则兴奋不已。尤其当他们到了野外，来到大自然当中，他们就会充分展现出生机勃勃、充满活力的特性。自然界的一切对孩子们来说都是那么神奇和美妙的，有着巨大的吸引力。在陈鹤琴所办的幼儿园里，每当天气晴和的时候，他们就带孩子到外边去玩。孩子们在旷野里跑来跑去，看见野花就采采，看见池塘就抛石子入水以取乐。这种郊游对于小孩的身体、知识、行为都有很好的影响。所以我们可以根据孩子的不同年龄分别组织他们到野外去玩。如采花籽、种树、看动物、玩沙玩水等。这样可以增长孩子的知识，强健他们的身体，愉快他们的精神。现在的父母总不放心儿童到外边游玩，怕衣服弄脏，怕感冒受凉，所以整天都把孩子关在屋子里，这种类型的儿童长大以后集体性不强，还不合群，也不善于交流，这对于成长是不利的。儿童知识的增长不能局限于书本，要给孩子充分接触大自然的机会。这样，儿童得来的知识都是有实践的，知识都是活的。

总的说来，小孩子是好游戏、好动、好奇、好模仿、喜欢称赞、成功和野外生活的。我们教孩子的时候，必须先要了解小孩子的心理。有一点需要说明的就是，每个儿童的心理发展特点是不同步的，所以要善于观察儿童心理的变化，根据儿童的心理发展规律进行教育，教育的良好效果是可以预料的。

三　家庭教育的内容

（一）儿童学习的性质与原则

陈鹤琴认为好的家庭教育是离不开儿童学习的，家长要想有好的教育，就应该了解儿童教育的一般原理，那就是儿童学习的性质与原则，只有这样才能给儿童一个适当的教育，做到事半功倍，所以儿童学习的原则就构成了家庭教育内容不可缺少的一个部分。

刚出生的小孩与刚出生的各种动物相比，都要显得无比的柔弱。刚出生的小动物一两天以后就可以行走与奔跑，能正确地寻找食物。可是刚出生的婴儿，除了拥有几种简单的感觉（痛觉、触觉、饥饿等）之外，就是几种简单的动作（吮吸、打喷嚏等），而这些动作基本上是本能的反应，与生活所需的技能还相差甚远。

然而在不断的成长下，儿童逐渐开始能看得远，听得切了，甚至开始能够辨别妈妈的声音了。他的身体也比之前强健了许多，身体开始有了更多的动作。到了四五个月的时候，他能伸手抓住眼前的较小物品了；六七个月的时候，他能坐着了；八九个月的时候，他能快速地爬行了；一岁左右的时候，他能叫妈妈了，能在成人的陪伴下短时间地行走了；两三岁的时候，他能跑跳自如了，能说简单的语句了；四五岁的时候，能够熟练地掌握一地的方言了。

了解到这里，可能有的人就要问，为什么如此柔弱的小孩会成长成有知识、有技能的儿童呢？

总体来说，在儿童的成长过程中，先天的遗传具有重要的影响作用，但后天环境与教育的作用还是不容忽视的。天赋相当的孩子，在不同的教育环境之下，发展是会截然不同的。所以，我们必须知道儿童是怎么学的，以及儿童的学习有什么原则可循。

1. 学习的性质

陈鹤琴先生认为，婴儿生来就有的三种基本能力是：感觉、联念和动作。

（1）感觉

刚出生的婴儿生来就具有几种感觉。他的眼睛虽然看不清楚，但能够感觉光线的强弱；他的嘴虽然不能言语，但能品尝食物的好坏；他的耳朵虽然听不清楚，但能感觉到声音的存在。以上几种感觉，在短短的时间内就会发展得很好。基本的声音他能听得出；基本的颜色他能看得见；基本的滋味他能尝得出；基本的气味他能嗅得到。

（2）联念（有意义的联结）

只有感觉而没有联念的能力，是学不了什么东西的。当儿童看见了自己的母亲这个人，看见后就忘记了；等下次再看见母亲的时候就不记得这时看着的人就是刚才看见的那个人了。这样儿童就不会对母亲这个具有重要作用的人物形象形成安全感；当母亲呼唤他的时候，他做出了反应，但反应过后，他忘记母亲声音的特点，当母亲再次呼唤他的时候，他就不会在上次反应的基础上对母亲的呼唤有更多的回应了。这样，在儿童不断成长的过程中，他不会记住身边每个人的形象与声音，也不会记住身边物体的特性，他也就谈不上知识的增加了。

在随着大脑不断发育的情况下，儿童的记忆力会有所提高，但如果不能把记忆的内容与当前的事物建立有意义的联结，对儿童的成长也是没有益处的。比如，当母亲呼唤他的时候，他记住了这个声音，而不能把母亲形象与声音之间建立起联结，下次母亲呼唤时，他只记得这个声音，而不记得这个声音就是母亲。

说到这里有必要为大家介绍一下什么是联念了。对于联念的概念与本质陈鹤琴并没有做出说明，只是从联念的作用上，推想了联念的本质。陈鹤琴对于联念的理解就是："假定有两个小孩同时被蜜蜂刺了一下，歇了一会同时都看见了几个蜜蜂。一个小孩子这次看见蜜蜂时就缩手不敢去拿了；另一个小孩子还是要去拿。我们说第一个小孩子再看见蜜蜂的时候，就想到被刺的情形和痛苦；第二个小孩子就没有联念能力。"在我看来，联念就是把先前记忆中的相关知识建立起有意义的联结，或者把记忆中的知识与当前的知识建立新的联系，形成新的记忆内容进行存储，为以后的相应反应提供信息。

（3）动作

儿童在拥有感觉与联念的条件下，如果不能对刺激做出反应动作也是不行的。当听见母亲声音和看见母亲的时候，儿童要通过适当的反应动作，来达到预期的目的或者是本能的需要。

总的来说，儿童的学习就是先感觉外界的刺激，再把感觉的事物与所有的感觉进行联结，最后以相应的动作对当前的刺激做出适当的反应。

陈鹤琴认为："刺激与反应是看得出来的，联念是看不出来的。我们一方面支配小孩子所接触的刺激，一方面须指导小孩子所发出的反应，一方面还须巩固小孩子所有的联念。这三方面都是教育上的重要问题。"

（二）学习的原则

通过以上我们对于感觉、动作和联念有了初步的了解。那么，对于刺激、反应和联念之间的原则还是需要详细介绍的。

1. 刺激的原则

（1）适宜的刺激。

小孩子所有的联念与反应都是受刺激所支配的。刺激的好坏直接决定反应与联念的效果。儿童出生之时，是无知识的，他对于所见所闻都会印刻于脑中，之后的反应也会以先前的记忆为基础。如果孩子平时听到的话儒雅大方，那么以后孩子的谈吐也不会粗俗卑劣；如果孩子看见是整洁干净的房间，那么他日后也必定会爱护清洁。所以父母要以身作则,给孩子一个优良的成长环境,使孩子拥有适宜的刺激。

(2)实地施教。

对于儿童的教育,成人如果使用抽象的语言进行施教,儿童是一点都不会明白的。最好的教育方法就是父母要做给孩子看。如果教育孩子爱护花草,那么父母就要做给孩子看,告诉他父母行为就是爱护花草的意思。儿童的想象力并没有成人的发达,所以父母就要提供给儿童真正活的东西进行教育,让儿童通过感官的帮助完成学习的过程。

2. 联念的原则

如果有好的正确的刺激,那么我们应该还要知道如何让儿童把这些深深印刻在脑子里。

(1)使儿童快乐的刺激容易印刻在记忆里。

儿童是喜欢游戏的,父母可以利用儿童的这种心理对儿童进行教育。如果要教给儿童颜色的时候,我们不能单用语言来说什么是红色,什么是绿色,我们可以把颜色放在儿童喜欢的游戏中。比如,儿童喜欢绘画,我们要告诉他草是绿色的,天空是蓝色的,最好让儿童自己为所画的内容进行涂色,成人在一旁指导,这样儿童更容易记住什么是红色,什么是绿色等等。

(2)刺激发生的时间越长、次数越多,联念越牢固。

如果我们教儿童学习一种技能的时候,我们就要反复地给他这种技能,每次指导的时间要足够的长。比如,我们要儿童唱一首歌,我们就需要先唱给儿童听,再教他唱;他唱得不对就反复地教给他,这样的教唱要连续几天反复地进行才可以。

3. 动作的原则

(1)注重第一次。

陈鹤琴指出："无论什么事，第一次做得好，第二次就容易做得好；第一次做错，第二次就容易做错。"所以，在儿童的学习过程中，无论什么事情，只要第一次做得好以后就容易做。当儿童第一次拿笔的时候，如果握笔的姿势不对，父母就要马上对其进行纠正，直到能掌握正确握笔姿势为止。

（2）不要有例外。

陈鹤琴指出："养成好习惯难，养成坏习惯易。做父母或做教师的要使小孩子养成良好的习惯，在好习惯未成的时候，不准小孩子有例外的动作。"对于好习惯的养成，总是比坏习惯的产生困难。对于好习惯的养成时期，不要允许有例外动作的产生。习惯的养成要在于每天的坚持，如果孩子坚持早晨大便这个好习惯已经一周了，突然有一天动画片提前播放了，孩子非要看，妈妈看见孩子着急的样子就同意了，谁知一看就是三个小时，于是早晨大便的习惯要从第二天早上重新培养了，之前的努力就白做了。所以习惯一经养成以后，就不应当有例外的动作，以免破坏习惯的养成。

（3）对事物的学习要孩子自己进行。

孩子生来就好奇、好动。因为好奇，他有了与事物接触的动机，因为好动，他能与事物进行接触；与事物接触了，那么他也就真正地知道了事物的性质，知识也就相应地增加了，经验也就丰富了。

这个原则看起来很简单，但当孩子真的要自己做、自己动的时候，父母总会代替他做，剥夺他动的机会。总之，孩子的学习一定要他自己亲自去学习，父母要尊重孩子的意愿。

（三）家庭教育的具体内容

陈鹤琴先生在《家庭教育》中，对于儿童的德智体美劳各个方面的教育都做了详细的说明，共有101条原则。主要包括：第一，培养儿童卫生习惯的25条原则，从醒到睡，从吃到撒，从笑到哭，从抱、坐到站行姿势等问题，都提出来讨论并提出自己的看法；第二，游戏是儿童的生命，儿童是以玩为主的。在"游戏与玩物"中，陈先生提出了很多具体的观点，孩子应有适宜的伴侣一起玩，宜穿运动服等，还指出"游戏就是儿童的工作"；第三，儿童智力方面的教育，提出了要利用孩子的好奇心进行适当的教育，要尽量让孩子自己去做，以增长孩子的经验性知识；第四，惩罚孩子的教育方面，对于如何惩罚孩子，陈鹤琴指出"不要姑息养奸，也不要太严厉"。要根据孩子的言行适当地进行责罚，要给孩子正确的教育方式；第五，儿童待人接物的教育，孩子待人接物礼貌是要从开始的时候教起的，父母要以身作则，给孩子做一个好榜样。这才有利于孩子高尚品德的培养；第六，对父母提出的要求建议，陈鹤琴在这本书的再版中增加了做好父母的标准与要求，这主要是先后发表的《怎样做父母》的内容。

对于这本书的主要内容，具体可以归结为五个方面，分别是儿童健康的教育、儿童智力的培养、儿童习惯的培养、儿童行为的培养等等，下面将会在具体原则里对不同教育方面详细解析。

四　家庭教育的原则

在家庭教育中，父母对于孩子的教育也是有原则可循的，陈鹤琴将其具体地归为十一个原则，这十一个原则可以具体地概括为五个方面：

（一）家庭教育中普通教导原则

1. 积极暗示胜过消极命令

父母最好用积极的暗示，不要用消极的命令。小孩子都是喜欢听好话的，在激励的言语下，孩子容易改正错误；在批评中，反而不利于错误的改正。根据小孩子爱听好话特点，陈鹤琴用激励教育法教训长子一鸣。想禁止孩子玩脏的毯子，就善于使用积极的暗示。如果他果断地夺走孩子的毯子，孩子一定感到莫名其妙，也会在心里记恨爸爸；如果告诉孩子，这是脏的有气味的，赶快丢掉。即使孩子听了他的话，孩子的心里也是不情愿的，因为孩子丢掉了脏的就没有别的玩的东西了。当用积极的言语来激励孩子的时候，孩子很高兴地照做了。如果父母一味地使用消极的命令，孩子可能会产生逆反心理。

积极的鼓励比消极的刺激好得多。小孩子是喜欢奖励的，反感批评的。越奖励他，就会做得越好；越批评他，他就会更加不努力了。做得越好，他的知识经验也就会越来越多了，做事的信心也就会越来越大，掌握的技能也会越来越多。

总的来说，积极的奖励比消极的刺激要好，但是鼓励也不能一味地滥用，一滥用鼓励就会失去作用了；刺激法用得恰当，也是有积极效果的。做父母的要明白孩子就是孩子，不要使用成人的标准来衡量小孩子，要经常鼓励孩子勇于尝试各种事情，丰富经验。所以，父母应当多些使用积极的鼓励，少些使用消极的刺激。

2. 以身作则，实地施教

小孩子好模仿，做父母的一方面要以身作则，一方面还要替他选择环境以支配他的模仿。成人的一举一动、一言一行，都能对儿童造成影响。所以做父母的一方面要以身作则，一方面要留心孩子的生长环境，要确保孩子生长在一个健康的环境里。

别人做好的事情或坏的事情的时候，做父母的应当以辞色来表示赞许或不赞许的意思给小孩子听，给小孩子看。小孩子生来是无知无识的。善恶是非观念是要经过长时间才能形成的。对于善恶的区分也就显得无知识了。所以，父母平时就要对于善恶有明显的态度，这样小孩子才能知道什么是好的，什么是不好的。这就要求父母看见别人做好的事情或坏的事情的时候，应当以辞色来表示赞许或者是不赞许的意思，给孩子听听看看，都会对孩子的成长有积极作用。

3. 按照年龄施教

应当按照小孩子的年龄知识而予以适当的做事动机。小孩子年幼的时候，我们可以使用个人的感情来支配他的动作，不过不应该使用个人的威严来恫吓他，使孩子的心理时时萦绕着惧怕之念。当孩子的年龄大些的时候，父母还是用这种方法来教导，那么孩子以后做什么事情都会以父母的喜好为标准，这是不利于孩子成长的。

总的说来，小孩子年龄小的时候，我们可以使用个人的感情去激励他行为的产生；年纪大的时候，我们要教育他做事时要照顾公共意愿的，父母还要在平时的生活中积极地给孩子做好榜样，毕竟身教胜于言教，这样的孩子才是健康的。

4. 严厉适度，不轻易拒绝或命令禁止

做父母的不可经常用命令的语气指挥孩子。父母不要随随便便地去指挥孩子的行为。不应当禁止孩子，因为小孩子是具有很强好奇心的，他平时是非常

好动的。做父母的，平时不要多使用命令的语气来指挥孩子，这样孩子就会失去自己对于事情的主见；如果真的使用了命令的语气指挥，那么就要设法使孩子服从命令。

父母不应当对小孩子多说："不!"事属可行，就叫他行；事不可行，禁止他行，这是做父母对待子女正当的教育。如果不论什么事情就一味地禁止他，那么孩子就一定不会知道什么事情才是不可以做的，什么事情是社会允许的。这种教育，不但在事实上是做不到的，在情理上也是说不过去的。孩子好奇、好动，父母就要鼓励他去接触，这样他才会认识事物，增长知识，这对于教育也是有好处的。

对待小孩子不要姑息也不要严厉。姑息的教育在现在的家庭里是会常常见到的，特别是家里有老人的，孩子就是家里发号施令的人，什么愿望都会得到满足。有的父母对待孩子太姑息，有些父母对待孩子太严厉，这两者都称不上好的教育。在教育孩子的时候我们要选择折中的教育：一方面给予充分的机会发展天性，一方面限以自由的范围使孩子不得随意乱为，以免对他人造成伤害。

不要骤然命令小孩子停止游戏或停止工作。不论是小孩还是大人都不愿意停止有趣的活动。我们其实也是不愿意别人这样待我们的，所以我们也就不应该这样要求别人。如果孩子正在进行一项活动，父母骤然地命令其停止，孩子以后可能会养成中途停止的坏习惯。突然让孩子停止游戏，不仅剥夺了孩子的快乐，还让他们养成了做事有始无终的坏习惯。从这个角度来说，孩子的习惯养成有很大一部分是取决于父母的教育方法的。

5. 游戏式教育，做孩子的伴侣

做父亲的应当同小孩子做伴侣。如果父子间不做伴侣，父子之间就会有隔阂。有的时候，父亲一时兴起要和子女一起玩，子女也是心里惧怕的，这样父子之间的感情也不会增加的。如果父亲可以常常和孩子做伴侣，就可以在感情上帮助孩子，在教育上教导孩子。如果有的父亲不与孩子做伴侣，他们的孩子可能就缺乏知识，不懂人情。父亲与孩子做伴侣是有益处的，陈鹤琴对于这方面也做了说明：

（1）没有隔膜。

父子间没有隔膜，他们的感情就会很深厚。这样的父亲与孩子彼此了解，就不会发生冲突，即使有了冲突很快也会解决的。

（2）容易训育小孩子。

父亲和孩子经常在一起，那么孩子不好的行为与习惯，父亲是都可以清楚知道的，这样父亲就可以训育孩子的行为了。做父亲的应当时常同小孩子做伴侣，改正孩子不好的行为。

（3）小孩子是容易教育的。

孩子在小的时候，知识有限。做父亲的应当常常同孩子做伴侣，给孩子灌输知识。有的人就会提出不同的观点，认为父亲经常与孩子一起，父亲对于孩子的教育就不起效果了。陈鹤琴不这样认为，只有父亲同孩子做伴侣，父亲才可以在孩子身边给他讲道理，告诉他什么是善恶，给孩子树立好的榜样，即使训斥孩子，因为经常在一起感情好的缘故，孩子心里也不会记恨爸爸，而会听取爸爸的意见。

游戏式的教育。小孩子具有很强的游戏心。做父母的如果能够利用孩子的这种心理，以游戏式的方法教育孩子，一定起到事半功倍的效果。所以，父母在平时对孩子的教育中，要多以游戏的方法来教育孩子，把教育的理念蕴含于游戏中，让孩子在快乐的环境里接受教育。如果父母使用了强迫的方法，不仅孩子不高兴，父母也会很累的。对孩子、父母以及孩子与父母之间的感情都是没有益处的。

（二）儿童生理习惯培养的原则

孩子从出生开始，是要先从生活上照顾起，在慢慢成长的过程中，孩子就需要形成好的习惯，保证卫生的环境，陈鹤琴对于儿童卫生习惯的养成一共有25条原则，主要是从诱导原则的使用、早晨刷牙、洗脸习惯的养成、正确饮食习惯的养成、正确存储食物的习惯的养成、正确睡眠习惯的养成和培养习惯注意事项几个方面来论述的。

1. 善于使用诱导原则

小孩子不肯穿衣服的时候，我们最好用诱导的方法去叫他穿。

小孩子大概是不喜欢穿衣服的，特别是冬天衣服多，穿起来麻烦，他们就更加地不愿意穿了。如果在给孩子穿衣服的时候，父母能给孩子讲讲故事、唱唱歌什么的，孩子一定就是顾不上不想穿衣服这件事情了。可是有的父母，总是以不好的方法强迫孩子把衣服穿上，最后孩子和父母都是闹得心情不愉快的。如果父母用引诱孩子的方法诱导孩子穿衣服，孩子是高兴的，父母的心情也是愉悦的。否则伸出手狠狠地教训了孩子，孩子一定是难过的，那么做父母的这时候应该也是不好过的。即使诱导和威胁都会使孩子服从，但这两种方法孩子的感受是截然不同的。

有的父母当孩子早晨不愿意穿衣服的时候，用食物来引诱孩子穿衣服。其实这种方法是不对的。因为它虽然比威胁好，但孩子早晨起来还没有洗脸、刷牙就吃东西是不卫生的，也不利于让孩子养成好的生活习惯。

具体可以归结为以下四个方面：①做父母的应当诱导孩子穿衣服；②引诱不奏效的时候，应当强迫孩子穿衣服；③孩子因穿衣服而不高兴的时候，父母应该劝告孩子，不应该责骂孩子；④孩子不穿衣服的时候，父母绝不用食物来引诱孩子。希望父母们可以很好地掌握分寸，让孩子快乐的一天从穿衣服开始。

2. 培养日常行为的好习惯

小孩子应当天天刷牙。有的孩子早上起来是不刷牙齿的，可能随便地擦一擦脸，就开始吃早饭了。有的时候孩子见到父母刷牙，他们也要求刷，父母就认为孩子小牙齿不脏，就拒绝了孩子想刷牙的愿望。其实只要孩子能吃东西了，牙齿上和牙床上也必定会有脏的东西。有的时候，我们会看见六七岁的孩子，牙齿不是掉下，就是烂下半截。其实这和吃糖有关，但和不刷牙也是有关系的。其实很多孩子只是一时想去刷牙，因为他对刷牙这件事情实在很好奇，但往往不会坚持每天都刷的。所以父母就要想办法引诱他们天天刷牙，可以讲爱刷牙的故事，父母也可以根据孩子的模仿心做个好榜样让孩子去学习。

小孩子的洗脸刷牙，应在一定场所进行。有不少家庭是没有专门的洗脸室的，父母觉得哪方便就在哪洗刷。父母这样，慢慢地孩子也这样了。因为看见爸爸、妈妈都是随便找地方，孩子在学习去固定地方洗刷的时候，自然也是难的事情。孩子从小在家里形成了什么习惯，长大以后还是会按照小时候的习惯去做事情的。即使知道是不对的，改起来也是不容易的。

小孩子洗脸的手巾，应当是独自一条。有不少家庭的毛巾都是共用的。至于小孩子也是没有例外的。如果大人有什么传染病，由于孩子的抵抗力很弱，很可能会传染上什么疾病。有的小孩子甚至就用大人洗过脸的水洗脸，根本不重新换水，这也是会让孩子患上疾病的。

小孩子便溺须有定所。便溺是每个人生理的需要，但不能随便便溺也是每个人应该懂得的知识。有的时候，会有成人在路边便溺，这是不知羞耻的表现。也许在他们小的时候，父母就没有好好地训练他们到固定的场所便溺。因此，做父母的一定要在孩子小的时候就培养这种羞耻感，使孩子知道随地便溺是羞耻的，是不利于公共环境的。要从小训练孩子在一定地方便溺。

小孩子大便须一日一次,而且要有定时。有的人认为便溺要听孩子的,孩子想什么时候就什么时候,大人不能规定时间与次数,如果规定时间就是限制了孩子的自由。对于持有以上观点的人,陈鹤琴认为是不了解不按时大便的害处。所以为了让父母了解,陈鹤琴就列举了两个方面来说明:①不按时大便就有可能在深夜大便。天气暖和的时候还说得过去,可是如果是冬天,孩子深夜起床可能会患上感冒的。②没有固定的大便时间,要大便的时候常患上闭结的毛病,这就对身体造成了影响。只要父母坚持让孩子在固定的时间大便,这对于孩子的健康是有好处的。大便的时间最好选择在早上,只要坚持一段时间,孩子就会自觉地大便了。

3. 培养正确的饮食习惯

小孩子未穿衣洗脸刷牙之前,不宜吃东西。小孩子不穿衣服就吃东西是有很多害处的。首先,不穿衣就吃饭容易受凉,容易发生感冒;其次,经过一夜,牙床上滋生了很多脏东西,直接吃饭是不卫生的,时间久了,就会抵抗力下降患上疾病;最后,不穿衣洗脸就吃饭,这也是不良习惯的开始,是有碍于好习惯养成的。有的父母认为小孩子在长身体的时候,需要补充营养,只要孩子刚醒来就硬给孩子吃东西,其实这样是不对的。除非是很小的婴儿,醒来以后必须吃东西。只要年纪大一些的孩子,早上醒来不要先吃东西。总之较大的孩子,未穿衣洗脸刷牙之前是不允许吃东西的,较小的要除外,父母应该懂得这个分寸,让孩子形成一个好的卫生习惯。

小孩子吃东西之前须洗手,吃后须擦手。小孩子都很好动,他们不是一会儿拿这个,就是一会儿摆弄那个。手上避免不了会有很多灰尘,如果吃东西之前不洗手,那么灰尘就会随着食物进入肠道,很可能会感染疾病。做父母的没有让孩子吃东西之前洗手的意识,所以也不会培养孩子饭前洗手的习惯。至于吃了东西以后,也是要擦手的。因为吃过食物以后,难免手上粘上油渍,如果不擦干净就玩东西,灰尘会很容易就附着在手上的,随着孩子的动作,病菌会随之进入口中的。所以,做父母的一定要让孩子养成饭前洗手、饭后擦手的好习惯。

小孩子吃饭的时候,应当有适当的盘、匙。孩子手筋没有发展灵活的时候,用普通的碗筷是很不方便的。有的时候,会看见孩子费劲力气去夹菜,不仅夹不到,也会把饭菜弄得满桌都是。这样父母就开始责骂孩子,孩子就会生气大哭。如果刚开始的时候,父母给孩子一个大的盘子放上饭菜,给孩子一个好用的勺子,孩子就不会乱弄饭菜了,之后再慢慢地教他使用碗筷,这对于孩子和父母都是有好处的。

小孩子吃饭时,应当要有适当的桌椅。对于中国的很多家庭来说,孩子在吃饭的时候,缺少适当的桌椅。孩子在小的时候,母亲就一只手抱着,一只手喂他。这样的姿势,孩子很不舒服,母亲也是很累的。等到孩子再长大一些的时候,就让孩子和成人坐到一个桌子上吃饭。成人习惯的桌椅,对于小孩子是不合适的。有的时候,孩子一不小心还会从凳子上跌下来。总而言之,小孩子在吃饭时没有适当的桌椅是不对的。父母可以根据孩子的身高为孩子定做不同的桌椅,这样对孩子是有好处的,孩子在平时坐着特定的桌椅也是很安全的。

小孩子吃饭的时候,需要有围巾。由于小孩子的手不灵活,碗筷抓不牢固,小孩子在小的时候,吃饭很容易把饭菜弄到衣服上去。这样的吃饭是很不卫生的,也不利于孩子养成清洁的好习惯。有的父母对这种现象视而不见,没有给孩子准备专门的围巾,以至于孩子养成了肮脏的坏习惯。有的母亲知道孩子在吃饭的时候有围巾是对的,但因为麻烦,就不给孩子坚持每餐使用,这样孩子也不会有清洁卫生的意识了。

小孩子小食品的分量不宜太多,而且要定时。给孩子零食吃,是为了让他充饥,而不是让孩子吃饱。小孩子饥饿的时候,上午大约十点,下午大约四点,所以这个时候给孩子一些充饥的小食是最好的。但是有的父母认为只要孩子想吃、愿意吃，就要让他吃够了、吃饱了。这样孩子才会更加快速地成长。家长这样纵容孩子肆意地吃零食，结果到了正式吃饭的时候，孩子就不饿了，根本就不愿意吃了。而长期下去，孩子不但得不到长身体所必需的营养，胃口也会变得不好。因此，父母要给孩子规定零食的分量，也要有固定的时间。不能根据孩子的想法，随便地吃零食。

应当叫小孩子独自先吃饭。现在的很多家庭，在孩子不能自己吃饭的时候，妈妈就负责喂孩子吃饭；等孩子能自己吃饭的时候，就让孩子同成人一起吃饭。母亲在喂孩子的时候，自己根本顾不上吃饭，这对于母亲的健康来说是不利的；小孩子同成人一起吃饭，看见好吃的就喊着要，这是一种不好的生活习惯，对成人来说也是不礼貌的；有的家庭认为孩子应该吃所有好的，就在吃饭的时候，把所有好吃的放在孩子的附近，这样孩子会认为这是应该的，而不会对父母的关心心存感恩。等到孩子逐渐长大，懂得了吃饭的规矩的时候，就要他同家里人一同吃饭，这是有利于增进家人之间感情沟通的一种方式。

4. 培养存储食物的习惯

对于食物，父母应该不准小孩子自己随便乱拿。对于这个原则来说，有很多家长没有注意到这一点。孩子看见来客人了，就很高兴，因为知道有好吃的了。当食物刚摆放在桌子上的时候，孩子就先上去拿喜欢吃的食物，不管父母怎样的不肯，如何的制止，他也是不听的，甚至有的时候，还会哭闹起来。当孩子向父母讨要食物的时候，父母也不要随便地就给孩子。对于偷食，父母更是不要允许这样坏的行为再次出现，倘若父母看见了，而没有禁止孩子的偷食行为，后果是无法想象的，因为这样的想法可能会迁移到别的行为上。父母不能因为爱护孩子，就姑息孩子的偷食行为，因为孩子可能以后也会偷钱买东西吃的。

父母不应该因为小孩子要偷食物，就把食物乱藏。其实，乱藏食物是有害处的，针对此点，陈鹤琴也把害处列举了四个方面：第一，用防贼的方法来防孩子，是对孩子人格的一种玷污。这样会渐渐地让孩子失去自尊心，孩子也就认为自己应该偷了，因为在父母眼里，自己就是该做一个像贼的人；第二，父母不把家里的食物公开，孩子又不明白父母的用心，所以会在心里记恨父母。因为在孩子看来，只要父母疼爱自己，就会把食物给自己吃，而不会藏起来不让孩子知道；第三，食物容易变坏；第四，因为是乱藏，可能会忘记藏在什么地方了，所以以后想找也是不容易的。对于父母不乱藏食物的好处，陈鹤琴也做了列举：第一，不以防贼的方式来对待孩子，孩子以后也会自尊自爱的；第二，父母把食物公开，孩子就会知道，食物是所有人都可以吃的，心里就不会因为定量而记恨父母了；第三，食物也会在新鲜的时候吃掉，不会弄坏免得让孩子养成浪费的习惯；第四，对于所放的食物，在吃的时候也会很容易就找到，而且还会告诉孩子，有多的好食物是自己可以看见的，孩子就不会在没有的时候还吵闹要吃了，因为孩子自己亲眼见到食物真的没有了。

因此，父母不应该将食物乱藏。发现孩子偷食物就要以情来教育他，而不是像对待小偷一样对待孩子。可能有的时候，父母并没有想太多。只是怕孩子偷吃就藏起来了，岂不知孩子这时的自尊心已经受到伤害了。有的时候，父母越藏，孩子就越要偷；反而不藏的时候，孩子就有节制地食用了，因为孩子可以随时知道食物的剩余了。

做父母的不宜将食物随便乱放。孩子没有外界的引诱，绝不会吵闹的。如果因为父母乱放东西，孩子看见了因为好奇，是一定会要的，如果得不到就一定会哭闹。有的时候，因为孩子吵闹得烦了，父母就由着孩子。孩子的吵闹归结原因也是因为父母乱放东西。所以，做父母的一定要给孩子做一个好的榜样，不仅要求孩子整洁，自己也是要整洁的，摆放东西也是要有规矩的。

5. 培养正确睡眠的习惯

小孩子吃过午饭后，最好有睡午觉的习惯。不管是成人还是小孩，都应该是有午睡的。这样下午的时候才会更加精神地投入到所做的事情当中。孩子小的时候身体发育还不完善，午睡对于孩子是很有好处的，有助于孩子大脑的发育，还能使肠胃得到休息。至于午睡的时间，就要根据孩子的年龄来定，年龄大的孩子可以比年龄小的孩子午睡时间短些。特别是夏天的时候，孩子是更需要午睡的。而父母则要掌握孩子睡觉的时间，不能任由孩子一直睡，因为如果睡到了傍晚，那么孩子在晚上的时候就一定会不容易睡觉的，这样对于成人还是儿童都是没有好处的。所以，父母一定要掌握好孩子午睡的时间。

晚上小孩子睡觉以前，应该有适当的娱乐。大多父母白天忙于工作，是没有时间陪孩子玩乐的。到了晚上，抽出一点时间与孩子玩乐，不仅可以促进家庭的和睦，也可以增进父母与孩子之间的感情。至于娱乐应以活动量不大的游戏为主，唱歌、讲故事等。游戏以后，孩子很快就会入睡了，他就不吵着父母陪他玩了。有的父母因为孩子晚上不睡觉，就责骂孩子，甚至打孩子，强迫孩子入睡。这样的方式，孩子即使睡了，心里也是不高兴的，可能还会做一些难过的梦。父母如果在孩子入睡前，适当地陪孩子玩乐，孩子高兴了，父母也会很轻松的。

小孩夜里睡觉的时候，应该穿睡衣。几乎白天穿的衣服都是贴身的，而睡衣相对于较宽松。倘若晚上穿紧身的衣服睡觉，就不利于血液的循环，孩子的抵抗力会逐渐地下降。有的父母怕孩子夜里睡觉的时候受凉，就在孩子睡觉的时候给孩子穿很多，导致孩子呼吸不畅，身体受束。这样的睡眠是不舒服的。而且白天的衣服容易粘有灰尘，晚上人的抵抗力下降，也会使疾病趁虚而入。希望父母们不要因为浪费时间，在孩子入睡之前，给孩子换上睡衣，给孩子一个健康舒适的睡眠。

小孩子不应该被人抱着睡。大多喜欢被抱着睡的孩子，也是被母亲给养成的。母亲因为疼爱孩子，就抱着孩子睡，孩子也就习惯被抱着睡了。渐渐地就是想分开睡觉也是困难的了。做父母的不应当因为疼爱孩子就抱着孩子睡觉，也不能因为分床的时候不忍心就继续抱着睡，因为抱着孩子睡觉，对于大人和孩子都是不好的，不仅会影响孩子的睡眠，也会打扰大人的睡眠。应当用多种方法鼓励孩子独自睡觉，在家长的鼓励下，孩子也会勇敢地自己单独睡觉了。

不准孩子开灯睡觉。开灯睡觉对于小孩子是有害处的，晚上睡觉的时候开灯，会给大脑一种错误的信号，使之继续工作，这样大脑与身体都得不到很好的休息，影响第二天的生活质量。有的孩子因为自己睡，一关灯就感觉到害怕，就常常开灯才能入睡。后来也就养成了开灯睡觉的习惯。那么，这个时候，做父母的不要用强硬的手段命令孩子关灯睡觉，要先把孩子的惧怕感去掉，再劝告孩子关灯睡觉。总之，父母要想尽办法，使孩子脱离开灯睡觉的恶习。

小孩子独睡一床，独睡一室。有很多的父母都是和孩子一起睡的。父母认为孩子年龄小，自己睡觉不安全，只有放在自己身边才放心。但是对于同床而睡的害处，陈鹤琴也做了说明，具体有五点：第一，容易被父母压到。孩子身体很柔弱，经不起父母的一压，当父母熟睡的时候，可能不经意的翻身都会压到孩子，给孩子的生命造成威胁；第二，容易被被子闷到。小孩子睡在父母的身边，父母的被子可能就把孩子的脸挡住了。孩子由于年龄小，又缺乏自救的能力，所以，这样的事情是会发生的；第三，不卫生。由于孩子与父母挨得很近。父母呼出的二氧化碳就有可能被孩子吸进去。孩子呼出的二氧化碳也有可能被父母吸了去，所以，这是很不卫生的；第四，不能安睡。孩子与父母一起睡，孩子一动，父母可能被惊醒；父母的翻身可能弄醒孩子。这样，不利于大人与孩子的睡眠；第五，养成依赖性。孩子同父母一起睡，他的独立性就比较弱，也不易养成自立的品格。因此，小孩子应当独自睡一室。有利于孩子养成独立。这对孩子以后的健康成长是有百利而无一害的。

6. 培养习惯的注意事项

婴儿不应当终日感受外界的刺激。心理学家说过，刺激与反应是匹配的。有什么刺激就会出现什么样的反应。小孩子在很小的时候，大脑还没有发育好，是经不起复杂刺激的，这样会给孩子造成不可恢复的伤害，这是在以后的好条件里，也完善不了的。所以，做父母的要掌握好孩子在各个时期所受刺激的程度，保证孩子有一个好的成长环境。

小孩子不应终日抱在手里。小孩子生来是好动的。当筋骨逐渐发达的时候，倘若经常被抱着，他们就失去了运动的机会，也就谈不上与事物的接触、知识的增长了。父母不能用终日抱着来表达对孩子的喜爱，必须给孩子发展筋骨的机会，只有充足的运动，孩子才会身体强健，也会通过之后事物的接触了解事物的属性。所以，终日抱着孩子是不利于孩子健康发展的。

小孩子洗脸须注意到耳鼻和眼睛。其实洗脸不仅是洗洗罢了，应当把眼角的地方好好地洗，鼻子和耳朵也是要仔细洗的。如果孩子的眼睛经常不洗，有脏东西留在上面，时间长了就会患上眼疾的；鼻子不干净，鼻子会堵塞，呼吸不畅时张开嘴呼吸，灰尘很容易进入肺的。至于怎么洗，陈鹤琴也做了说明：他认为孩子的鼻子最好用药棉洗；眼睛用硼酸，或者用浓的茶汁洗也可以；耳朵除了用湿毛巾擦耳廓以外，还要用凡士林洗洗耳洞。总之，父母要以清洁为主，不能敷衍了事。

（三）家庭教育中游戏的作用

在家庭教育中，游戏具有重要的教育作用。儿童在游戏中不仅可以发展动作，也可以发展智力、想象力等。这就要求家长充分了解游戏与玩物的关系，以及给孩子创造游戏的机会。具体的研究陈鹤琴先生在《儿童心理之研究》中已有了说明，在《家庭教育》中要说明的是如何利用游戏与玩具来实施家庭教育。

1. 游戏与玩物

孩子在游戏中，对于玩物与游戏的关系是有原则的，陈鹤琴在对于玩物的论述中一共有十个原则，无外乎从以下四个方面做了详细的说明。

（1）儿童游戏需要有与适宜伴侣玩弄的机会

孩子生来品性都是好的，可是后来步入学堂以后，同一些坏的孩子做伙伴就慢慢地也开始学坏了。小孩子与好的孩子做伙伴，对他有好处；与坏的孩子做伙伴，那他就会学到坏的东西。如果孩子的伙伴喜欢骂人，他以后也会骂人的；伙伴喜欢打架，发生矛盾的时候，他也会用打架来解决。所以，由此看来，孩子与伴侣之间有密切的联系。当时孟母三迁就是这个道理。

小孩子应有与动物玩耍的机会。动物可以玩的有很多，普通的兽类是狗，其次是猫和兔，鸟类是鸽子和金丝雀。孩子玩的动物需要清洁无病，而且性情要驯良。只有孩子玩的动物没有病害，孩子的身体才会健康；性情驯良，孩子在玩的时候，也不会发生危险。有的家长认为这样是麻烦的，那么为了安全，索性就不给孩子玩动物了。这样的想法是不对的。陈鹤琴关于孩子玩动物的好处做了四点的总结：

第一，可以养成不怕动物的胆量。孩子生来应该是都不怕动物的。大多孩子在哭的时候，父母就会拿动物来吓孩子。有的说："如果再哭，老虎来了就吃了你啊。"这样的多次以后，孩子就会对动物产生惧怕感，认为一些动物是可怕的。

有一个实验是，给孩子一个小白兔玩。当孩子一接近兔子的时候，成人就会发出可怕的声音。后来这个孩子不仅不敢摸兔子，就连有毛的东西都是不敢接触的。

如果父母不用动物来吓孩子，给孩子一些可爱干净的动物来玩，孩子就一定不会怕动物，而且也愿意与动物成为伴侣。这样孩子的胆子不会变小，也不至于什么都怕了。

第二，养成爱护动物的习惯。孩子在刚开始的时候，没有爱护动物的意识。因为好奇，可能随便地乱玩动物。父母要经常在孩子与动物玩的时候，告诉动物也会疼的，要求孩子疼爱。久而久之，孩子就会与动物产生感情，对动物就有了怜爱之心。这种怜爱之心是会迁移给其他小动物，甚至是其他植物。哪怕是看见小鸟受伤了，孩子也会很伤心的。

第三，使孩子知道动物的习性与生理。有的对孩子的教育只注重书面的知识，并没有给予真实的教育。可能有的孩子对兔子的知识倒背如流，但真正拿来一个兔子的时候，可能让他认出来都有难度。究其原因，就是孩子没有与兔子接触过，并没有对兔子有真实的感受。孩子只要与小动物在一起玩乐，不仅愉悦孩子的心情，还可以让孩子来了解动物的习性、学习饲养动物的方法。

第四，让儿童与动物做伙伴的必要性。大多数孩子的伙伴都是玩具。但是玩具是死的，动物是活的。孩子在与动物玩的时候，会有不同的反应，这样孩子的兴趣也就增加了。孩子愿意与动物在一起玩乐。如果突然把动物拿开，孩子一定会焦急地寻找，找到了就会很开心，找不到就会伤心难过。

其实，孩子与动物在一起玩乐，不只有上述的几个好处，还有其他的好处。孩子的同情心也会得到培养。家长需要注意的就是，一定要给孩子清洁驯良的小动物，保证孩子的安全是首要的。

（2）生活常识的培养

小孩子玩好东西后，应立刻整理好放回原处。孩子刚开始的时候几乎都不知道整理自己玩过的东西。做父母的就要在一旁监督他，使他养成这个好习惯。这样时间长了，孩子在没有成人监督的情况下，自己也会整理好玩过的东西。逐渐地孩子还会把自己用过的东西、看过的书都整理好，这样有利于孩子养成整洁的良好习惯。有很多家庭中孩子不整理自己玩过的东西的时候，大人就去帮忙整理，收拾孩子弄乱的东西。久而久之，孩子认为整理自己玩过的东西是大人的事情，与自己无关。这样懒惰的坏习惯也就跟着形成了。

小孩子最好有玩水的机会。孩子到野外去玩水实在是危险得很，不过在家里玩水是必要的。父母可以给孩子清洁的水，放在盆里给他玩。遇到轻而浅的河沟也是可以允许孩子玩玩的。有的父母看见孩子的衣服一弄湿就责骂起孩子来，或者是禁止孩子再玩水了；或者有的父母怕孩子自己偷偷地玩，就告诉孩子水里是有怪物的，会把孩子吃掉的，孩子一听就真的再也不敢玩水了。做父母的在允许孩子玩水的时候，一定要切记玩水也是要有节制的，不是孩子什么时候想玩就玩，玩水的时间也是要控制的。而且孩子玩水的时候，父母一定要照顾好孩子的安全。

小孩子应当有适当的地方储藏他的所有物。陈鹤琴认为小孩子有适当的地方存储东西是有好处的，可以归结为以下三个方面：首先，养成整齐的习惯。有一定的地方存储东西，孩子就不会随便地乱放东西了。这一习惯养成以后，即使不在父母的监督下，孩子也会整齐地摆放自己的东西；其次，养成尊重他人的权利。告诉孩子什么地方是放自己东西的，哪里是别人放东西的地方，以后孩子就不会随便地把别人的东西拿起来用了，也不会经常把自己的东西放在别人东西的上面，这是不尊重他人的一种表现；最后，不容易弄坏东西。东西随便地乱放，是很容易损坏的。小孩子的东西如果有一个固定的地方放，用的时候就去拿，不用的时候就保存起来，东西自然会耐用的。

（3）玩物的标准

小孩子的玩物是要"活"的，不要"死"的。所谓"活"的玩物就是有很多变化，让孩子不容易生厌的玩物。能够让孩子在玩的过程中感受变化的乐趣。那些呆板无趣的玩物，孩子一定是不喜欢的，所以父母一定要了解自己孩子喜欢什么样的玩物。

凡凶恶丑陋、不合卫生而又危险的玩物，一概不要给小孩子玩。看见了凶恶玩物的孩子,会产生惧怕感。这样产生的惧怕影响了孩子正常的生活。中国的大多数玩物是用塑料材质做的,这种玩物虽然便宜,但是很不卫生,对于孩子的健康也是有害的。所以家长在选择玩物的时候一定要仔细、慎重。

首先,关于好玩物的标准:①好的玩物是有变化而活动的,小孩子玩了不容易生厌。②好的玩物是可以引起兴致的。例如一些洋娃娃、小动物之类的都会引起孩子的兴趣。有的时候,父母也可以给孩子做一些小玩具什么的,在制作的过程也让孩子参与到制作过程中来,孩子既锻炼了观察力又培养了想象力。③好的玩物是可以刺激想象力和发展创造力的。积木之类的玩具,可以按照孩子的想法搭建出各种形状,是有利于孩子的创造力的发展与培养的。④好的玩物质料优美,构造坚固不易损坏。普通纸做的玩具是不经用的。用木头、塑料等做的比较好一些。所以父母在购买玩具的时候,一定要对玩具的材质进行仔细选择。⑤好的玩物能洗濯而颜色不变,形状不丑陋。街上有的鬼脸面具等都是丑陋的。甚至有的玩具一碰水就会褪色,弄得孩子满手都是,如果颜色染在孩子的食物上,对孩子的健康是有害处的。

其次,陈鹤琴还对坏玩物的标准进行了叙述,他认为坏的玩物具有以下的共同特征:①坏的玩物只能使小孩子旁观而不能玩。这种玩物不能激发思想,并且这些玩具的动作也很单调,不能发展孩子的肌肉与创造力。②坏的玩物是可能会发生危险的。一些质地坚硬的玩具,或者有尖角的玩具,不能给孩子玩弄,以免对儿童的生命造成威胁。③坏的玩物是不合卫生的。有的一些小动物,是不清洁的。做父母的如果选择给孩子这类的动物玩就要确保干净,不至于使孩子染上疾病。④坏的玩物是会发出嘈杂声音的,孩子在玩有声音的玩具的时候,可以锻炼孩子的听力,发展审美能力,但嘈杂声音的玩具是不利于孩子听力与审美能力的。⑤坏的玩物是质料薄弱、颜色丑陋而不能洗濯的。

(4)游戏保健知识

小孩子平时宜穿运动套衣。小孩子生来就喜欢运动，而且也喜欢到野外去玩。只有常常运动，孩子的肌肉才会越来越发达。倘若父母担心孩子把好衣服弄脏，而禁止孩子玩耍，那就得不偿失了，不运动是不利于孩子成长的。如果父母给孩子换上运动衣，孩子就会毫无顾忌地玩耍，心情不仅愉快，肌肉、大脑都得到了锻炼。

玩物的作用，不仅仅是博小孩子的欢心，也要使孩子得着自动的机会。像洋娃娃、泥沙这样的玩物，不但可以使孩子得到无穷的快乐，也可以使小孩子发生许多动作。从这些动作中，孩子可以获得很多经验，很多知识，以丰富他们的现有知识。

总之，玩物不是给小孩子看的，是要给孩子玩的，如果不能玩那就称不上是玩物了。只有能激起孩子兴趣的玩物才是有价值的玩物，对孩子的成长才是有益的。

2. 游戏就是工作

孩子小的时候，具有很强的游戏心。游戏有利于孩子的发展，可以培养孩子生活技能，所以孩子的父母要给他们充分游戏的机会。就像游戏是孩子的工作一样，每天都要玩，每次都要玩好。对于怎样给孩子安排游戏这个工作，也是有原则可循的，他主要用十个原则来说明这个问题，具体可以分为图画方面的游戏和简单技能的培养。

（1）图画游戏的发展

第一，小孩子应有画图的机会。画图是一件很有教育价值的游戏，通过画图孩子可以锻炼思维与想象力，也可以训练孩子对于颜色的识别能力。

第二，小孩子应有看图画的权利。小孩子喜欢看画，可以看作是他们的天性。但孩子在小的时候看画，父母要好好地指导他们。如果孩子有不熟悉的图画，父母就要给孩子进行描述与形容，让孩子可以了解自己看的是什么，方便日后真的见到了, 能够认识。陈鹤琴认为, 看图画对孩子是有益处的: "一则可以提高鉴赏美术的能力; 二则可以陶冶优美的情绪; 三则可以养成独自消遣的习惯。"

第三, 小孩子应有剪图的机会。陈鹤琴认为中国剪图对于小孩子有很多的好处: 首先, 养成独自消遣的好习惯。平时小孩是没有什么事情要做的, 而父母又有很多繁重的事情需要处理, 这时孩子就会和父母捣乱。如果孩子把父母惹怒了, 轻则说几句, 重则可能会挨打。但这样孩子在以后的时间里也还是会吵闹父母的。如果父母能够教给孩子剪图等技能, 那么孩子一定不会吵闹父母的; 其次, 练习手筋。孩子一开始的肌肉很不发达, 这是需要练习的。孩子剪图刚开始不会剪得很好, 但经过练习, 孩子一定会剪得很好, 而且会爱上剪图的。这样的练习以后, 孩子的手筋也得到了练习, 大脑也相应地得到了发展。

第四, 小孩子应有剪纸的机会。孩子生来是好动的, 也很喜欢模仿。家长或者教师就要给创造孩子剪纸游戏。可以使孩子手的动作越加灵活, 还可以有利于孩子把自己的想法表现出来, 这是一种很有价值的游戏。

第五, 小孩子应有着色的机会。着色和剪图有同样的作用, 不过着色相对要困难一些。但是三岁以后的孩子就可以开始着色了。孩子通过着色不仅可以练习手筋, 还可以认识事物的性质, 对颜色进行命名。

第六, 小孩子应有玩沙的机会。孩子可以通过玩沙, 摆出各种事物的形态, 加深记忆。这样的游戏对孩子的成长是有益处的。所以, 做父母的要给孩子充分玩沙的机会。

(2) 简单技能的培养

第一, 小孩子应有穿珠的机会。练习穿珠一方面可以让孩子提高对颜色的识别能力, 另一方面就是使孩子得到愉快、锻炼手指肌肉的发展。

第二, 小孩子应有锤击的机会。孩子喜欢动, 对于敲击这样的运动孩子是会很喜欢的。可以锻炼孩子的耐性与动作的发展。

第三,小孩子应有浇花的机会。孩子一开始的时候,并不知道要爱护花草。如果父母能够从小给孩子浇花的机会,孩子也必定会有爱护花草的意识。在浇花的过程中,孩子见到了花是从小长到大的,孩子就明白了花草是离不开水的。父母在孩子浇花的时候,要有意地教给孩子花的名字和颜色,这样孩子的知识也就增加了。这样看来,浇花是一种对于孩子有益处的活动,可以让孩子在得到知识的同时,获得无限的乐趣。

第四,小孩子应有塑泥的机会。有很多父母看见孩子一玩泥,怕弄脏衣服就马上禁止。可是孩子塑泥是一个可以锻炼想象力的游戏。通过塑泥,孩子可以把自己的想法表达出来,也可以创造出各种新的形象,有利于发展孩子创造力和想象力。

综上几个原则,就是孩子要有充分运动、充分游戏的机会,使孩子在游戏中快乐地成长,同时培养孩子生活技能方面的知识。这些游戏都是可以给孩子的成长带来好处的,对孩子也具有教育指导作用。

陈鹤琴指出儿童要有充分的游戏机会,因为游戏是儿童成长的关键环节。父母只有把教育理念寓于游戏之中,让儿童在欢快的氛围中成长。好的游戏一定要有安全健康的玩具相伴才可,针对于玩具的优劣标准陈鹤琴也做了细致的解说。陈鹤琴先生关于游戏与玩具的理论是非常全面的,每个理论之下都有一个真实的事例,说明他的理论是来源于实际生活的,这也正是他的理论是服务于实践的最好例证。关于游戏与玩具的理论观点对现在仍有重要的参考价值。

(四)处理儿童惧怕与哭闹行为的原则

孩子在小的时候,难免有哭闹、惧怕的行为发生。但是这些哭闹与惧怕行为是有原因的,因为陈鹤琴先生曾对儿童的惧怕进行了细致的研究,后来在《家庭教育》中论述了儿童的哭闹与惧怕的处理办法,他指出处理儿童的哭闹与惧怕行为是有规律可循的,所以他对此进行了详细的说明,主要有八个具体的原则。他主要从避免因暗示产生的惧怕、掌握儿童哭闹的原因和正确对待儿童哭闹行为的三个方面来论述的。

1. 避免因暗示产生的惧怕

第一,做父母的不可暗示小孩子使他发生惧怕。有大部分的孩子出生不久以后,就害怕雷电。其主要原因可能是因为父母对于雷电惧怕的缘故吧。如果父母对于雷电不表现出异常惧怕,给孩子解释这是一种自然的现象,孩子应该也就不会表现出惧怕了。有的父母为了不让孩子玩一些小动物,就吓孩子说,那些小动物很可怕,是会咬掉手指的。这样孩子不但不玩了,就算以后有人提到了,孩子也会惧怕万分的。因此,做父母的不要暗示孩子产生惧怕,即使孩子害怕的时候,父母也要鼓励孩子接触惧怕之物,消除孩子的惧怕感。

第二,当小孩子不高兴的时候,父母不应当暗示他哭。孩子跌倒的时候,要让他自己站起来,父母不要引诱他哭。如果孩子跌得不严重,就对孩子说:“不要紧,快起来! 你是坚强的。”如果摔得严重,也不要表露出惶恐失措,甚至哭起来。这样孩子也会哭起来的。要对孩子说:“没事的,你很勇敢。”然后给孩子涂点药膏就可以了。有的时候,孩子是不想哭的,就是因为父母的暗示,孩子才会哭闹个不停。而且以后一发生类似的情况,不用暗示自己就先哭了起来。所以,父母在日常生活中要鼓励孩子坚强,要让孩子从小就知道,跌倒了就要自己站起来。

2. 掌握儿童哭闹的原因

小孩子疲倦了是要哭的,或容易发脾气的。陈鹤琴认为:“但凡一个小孩子决不会无故而哭而吵,而不要东西的。等到他要哭要吵,而且不喜欢做事情,那么他必定有什么缘故了。”当孩子身体不舒服的时候,是很容易用哭闹来表达的,所以父母应当掌握孩子哭闹的原因,想方设法排除孩子不舒服的原因。不要一看见孩子哭闹就用威胁的办法制止孩子的行为，要在平时的生活中总结给孩子造成不舒服的原因，给孩子提供一个舒适的环境。

3. 正确对待儿童的哭闹行为

第一，小孩子的惧怕会发生迁移，不要使小孩子发生惧怕。孩子的惧怕是会迁移的，孩子如果对某一个事物感到害怕，就会相应的对一类事物感到害怕。所以父母平时要多加留意，避免孩子发生惧怕，如果孩子发生了惧怕就要马上想办法消除，以免发生迁移。

第二，不要以"父亲"的名义来恐吓小孩子。父亲在孩子的心目中似乎都是严厉的，当母亲的劝告不起作用的时候，母亲就会用"父亲"的名义去恐吓孩子。孩子因为父亲要打自己而感到害怕，所以就停止了自己的行为。这样母亲就经常使用父亲的名义来警告孩子。但这种方法是不对的。在孩子心里父亲的形象是严厉无情的，用父亲的严厉来恫吓孩子，这会影响孩子对父亲的感情，还会增加父亲在儿童心理的不好印象。如果真的想禁止孩子的行为，就要用鼓励的方式，让孩子高兴地去做。

第三，小孩子发生惊慌时，须慎防其他大的声响，以免增加恐慌。孩子在欢快的环境中，会被骤发的大声吓倒。如果异常的声音发生在安静的情境下，孩子就会格外惊慌。所以父母要在孩子受惊的时候，避免其他声音的发出，尽量让孩子有一个安静的环境，避免惊慌情绪的产生。

第四，小孩子常常哭泣是不好的，应当设法免除。哭是孩子痛苦的一种表达方式。孩子是不会无缘无故哭起来的。当孩子哭的时候，父母要仔细查找出致使孩子哭闹的原因。不要只顾抱起来，因为这样孩子就要常常找人抱，不能随便地用强迫的方法来制止孩子的哭闹，要尽量使用积极的鼓励来消除儿童的哭闹行为。

第五，小孩子以哭来要挟的时候，父母应当绝对地拒绝他。父母绝对不能答应孩子无理的要求。可以允许的就允许，不可以的就要毅然地拒绝孩子。有的父母一听见孩子哭，就放弃了原则，立刻答应孩子。后来只要有什么没有满足的，孩子马上就会以哭闹来要挟父母。如果孩子的一次哭闹没有奏效的话，以后他也就不会再使用了。

儿童哭闹行为是日常生活中经常发生的事情。如果处理得好，儿童就会拥有一个健康的成长习惯；如果处理得不好，儿童就会使用哭闹来达到不合理的要求等，这是不利于成长的。陈鹤琴先生指出，儿童的哭闹一定要有恰当的方法处理才可以，只有正确对待儿童的哭闹，才能给儿童一个健康的成长环境。正确处理儿童哭闹是父母必须掌握的一项技能。

（五）教育儿童待人接物的原则

孩子从小的时候就要学习待人接物的礼貌。陈鹤琴认为要想培养孩子待人接物的好习惯，就要在培养儿童同情心、培养爱人精神和避免不良习惯产生三个方面来下功夫。

1. 培养儿童的同情心

第一，父母应当教育小孩子顾及他人的安宁。孩子小时候养成什么样的习惯，长大以后就会是什么样子的个人。而孩子从小的习惯是与父母有直接关系的。父母平时要给孩子做一个好的榜样，就要在日常的生活中顾及到周围人的感受，特别是夜深人静的时候，要顾虑到别人的安宁。即使孩子这个时候，大声吵闹，父母也要低声地告诫孩子，培养孩子顾忌他人的意识。如果父母都不压低声音，孩子也不会的。当孩子有什么好吃的、好玩的，就鼓励孩子与别的小朋友分享，不要让孩子自己独自吃。一个会顾忌他人安宁的孩子长大以后，一定是一个有修养的人。

第二，家里有人生病的时候，父母要给孩子对病人表达同情的机会。同情是一种高尚的美德，美德是要从小培养的。孩子在小的时候就要学会对他人表达同情，特别是对病人。孩子小的时候，缺少表达同情的机会，长大后就会变得自私自利，伤及他人的感受。所以，父母从小要培养孩子学会同情人，充分给孩子表达同情的机会，这样孩子才会在日后的生活中，处处考虑他人的感受，也会是一个受人欢迎的人。

2. 培养儿童爱人的精神

第一，应当教小孩子对待长者有礼貌。孩子无论什么时候，对长辈都要有礼貌。父母要想孩子懂得尊敬长辈，首先父母要做一个尊敬长辈的人，在日常的生活中时刻表达对长辈的关心与爱护。如果孩子没有礼貌地对待长者，父母也不要在长辈的面前指责孩子，这样孩子会难过，从此就不喜欢礼貌待人了。有的孩子知道要尊敬长辈，可是一见到长辈就害羞地躲起来了。这时父母就要鼓励孩子，教孩子学会尊敬长辈的礼仪，给孩子信心。孩子慢慢地就学会尊敬长辈了。

第二，不准小孩子对待保姆有傲慢的态度。父母要善待保姆，也要教孩子善待保姆，孩子就会知道尊重保姆的劳动。如果孩子自己能完成的，父母就要鼓励孩子完成，不许向保姆寻求帮助。不能给孩子从小就养成使唤人的坏习惯，同时要教导孩子尊重保姆，不轻视保姆。

第三，不准小孩子打人。父母以为孩子年纪小，就让所有人让着他，孩子大了以后，就会更加地专横无理，到了这个时候再改正就为时已晚，这时父母就悔之莫及了。倘若在孩子小的时候，父母就禁止他打人，孩子长大以后就不会打人了。

第四，小孩子在家里应帮助父母做点事情。小孩子好动，喜欢称赞。当孩子做事的时候，父母不要代他做，要在一旁指导他。如果孩子能独自做好，父母就要夸奖他，激励孩子的劳动积极性；如果孩子做不好，父母就要鼓励并帮助孩子，不要打击孩子的积极性。孩子小的时候，可以做简单的家务劳动，例如扫扫地、擦擦桌等。这样既可以锻炼孩子的肌肉，也可以让孩子体会父母劳动的辛苦，学会珍惜父母的劳动成果。

父母应教育小孩子爱人。孩子在小的时候，要经常培养孩子爱人的高尚美德。小的时候爱人，长大以后自然也就爱人了。父母不能从小教育孩子以自我为中心，不考虑别人的感受与利益。教育孩子天天爱人，时时爱人，这是家庭教育永远不变的主题。

3. 避免儿童不良习惯的产生

父母要禁止小孩子作伪。孩子有的时候，想拒绝做什么事情的时候，他不会直接地说，就会编造理由说谎。做父母要禁止孩子说谎，帮助孩子除掉这个恶习。如果长时间说谎，孩子就会在很多事情上欺骗人。长大以后就不会诚实。

小孩子要从小教起。陈鹤琴认为幼儿期是儿童各个发展方面的可塑期。孩子在这个时期学东西很快，不仅是对于知识的掌握，也包括对于美德的培养。父母大多是溺爱孩子的，孩子只要有什么要求，父母就会尽一切力量去满足，甚至是无理的。这样就给孩子一种习以为常的感觉，让孩子觉得一切都应该是这样的，因此，以后长大要想改掉这个坏习惯也是不容易的了。

（六）惩罚儿童的原则

陈鹤琴认为："凡做父母的自身曾经受过良美教育而能施良美教育于子女的，那体罚当然可以免用。但是我们一般普通的父母虽不应常常诉诸鞭挞以指导我们的小孩子，然有时也要用到的。用体罚以指导小孩子易，不用体罚而用别的良法以指导小孩子难。若能用别的良法指导小孩子，那我非常赞成的；若不能用别的良法而不得不用体罚以指导小孩子，也须善用。"

陈鹤琴还认为如果父母不能很好地运用体罚来教育孩子,会损坏孩子的人格。所以特意把惩罚孩子的原则说出来,以供大家在教育子女的时候参考。陈鹤琴在《家庭教育》中关于惩罚的原则一共有十三条,主要从诱导教育、探索作恶原因和惩罚的注意事项三个方面来论述的,在此介绍以供父母借鉴。

1. 诱导教育

诱导比恐吓、哄骗、打骂都来得好。陈鹤琴认为,首先,以恐吓这种方法对待小孩子,是不对的。恐吓会让孩子产生惧怕感,惧怕产生后,惧怕会发生迁移,孩子会对相似的东西都惧怕;其次,不关心孩子的感受,就禁止孩子也是不对的。如果孩子的外出是有特别原因的,父母就要在原因上理解孩子,安慰孩子,父母不分原因就一味地禁止孩子,孩子不仅不高兴,心里也会对父母产生怨恨,影响父母与孩子之间的感情;最后,"无中生有"去哄骗孩子也是不对的。当孩子看穿父母是欺骗的时候,孩子不仅不信任父母了,自己也学会欺骗了。

2. 探索作恶的原因

第一,父母应探索小孩子作恶的原因。孩子万万是不会无故作恶的,大多都是受了环境的影响。父母要善于找出孩子作恶的原因,而不是一味地责罚,因为通过责罚是不会消除孩子作恶的根本原因的,只能一时控制儿童作恶的行为。

第二,父母在责罚前,应平心静气考察他究竟有无过失。有很多父母一看到孩子犯错误,不问是非曲直就责罚起孩子来。如果父母经常不考究孩子的行为是否为过失就责罚,久而久之,孩子就不会真正听从于父母了,为了免于惩罚的痛苦,孩子只能在表面上惧怕父母,而实则上记恨父母。所以,做父母的一定要仔细地考察孩子的每一个行为,不能无故迁怒于孩子,要做到公平对待孩子,从孩子作恶的原因上根除孩子作恶的行为。

3. 惩罚的注意事项

第一,不应在他人面前责罚孩子。孩子同成人一样拥有自尊心。做父母的不应该在客人面前责罚、打骂孩子，要等待客人走了以后才可以教训孩子。因为这样不会因为伤了孩子的自尊心而让孩子记恨父母。倘若这样的教育孩子不记恨父母，孩子也是会失掉羞恶之心的，那么以后的责罚也将会于事无补了，这是万万使不得的。

第二，早晚不宜打骂小孩子。晚上的睡眠是为了让孩子的身心得到休息，如果父母在睡觉之前责骂孩子，孩子的精神上就会痛苦，就会影响孩子睡眠的质量；如果在早上责骂孩子，孩子一天都会心情低沉，整天终将无精打采、心神不宁的。久而久之，孩子就会失去了天真活泼的本性，从此不再开朗乐观了。

第三，父母不应迁怒于子女。有很多父母在心情不好的时候，往往会迁怒于孩子，把孩子当作出气的工具。这样不仅有损父母的德行，还有害于家庭之间的和睦。孩子虽然小但他们是有感情的。当父母无故责骂时，孩子的心理上承受打击不说，精神上也是备受煎熬的。这样的无故迁怒会影响孩子与父母之间的感情。所以，父母要精心地处理好自己的情绪，不要迁怒于孩子，要尊重孩子的成长。

第四，小孩子弄坏东西，父母责罚不是因为心疼东西，而是要改正他的行为。当孩子弄坏东西的时候，父母觉得可惜了东西就会对孩子加以斥责，这样是不对的，难道孩子还不如东西珍贵吗？倘若孩子的行为真的是错误的，那么父母就要告诉孩子错误的原因，再加以说教，而不是因为心疼而大发雷霆，如果孩子仍旧不改正就要实施责罚，但一定要告诉孩子不是因为东西坏了才责罚的，是因为他的行为是错误的。这样孩子就不会因为父母的"爱物不爱人"观念而记恨父母了，同时，孩子也会认真改正错误的。

第五，小孩子做错事情时，父母应重责其事，轻责其人。当孩子犯错误的时候，父母要告诉孩子具体错在哪里了，而不是一味地诋毁孩子，这样是无济于事的。陈鹤琴说道："我想做父母的去责罚他的人格的缘故，是要激发他的羞恶之心,使他慢慢儿改去他不好的行为。要知道无论什么人受奖励而做善是容易的。小孩子尤其喜欢听好话而不喜欢听恶话,做父母的一去骂他的人格,他的心就要很不高兴了,非但无悔过之心,而且长其为恶之心,所以他的人格从此堕落了。"所以,做父母的一定要尊重儿童的人格,不能因为错误而诋毁孩子的人格,这对于孩子的健康成长是没有益处的。

第六,父母打骂孩子的时候,旁人不宜帮忙说"可怜"。当父母责罚孩子的时候,旁人不要说"可怜"等话语。这样就容易使孩子认为自己并没有做错,从而心生反抗之意,也会怨恨父母的。"还有一层,旁边人说'可怜'这种话,小孩子不哭也要哭,不喊也要喊了。一方面养成他撒娇的行为,一方面又引起他怨恨父母的心理。所以当父母责罚小孩子的时候,旁边人绝对不应当来说这种话的。"

第七,不宜痛打小孩子。倘若孩子的行为必须实施打来教育,那么父母一定要切记打只是告诫孩子的行为是错误的,禁止他以后再犯同类错误。而不是要父母不顾孩子的感受毒打孩子,逞一时之怒的。所以,父母要处理好该怎样实施打的教育的方法,切不可痛打孩子。

第八,小孩子做错事时,父母不应为博得孩子欢心,就去责备别人。"要知道有许多小孩子的行为是很多乖戾的,做父母的如要博他的欢心,那么要目不暇给了。"孩子自己犯下的错误,父母应该惩罚孩子自己,而不是因为孩子的哭闹等行为就归罪于他人,而博得孩子的欢心。这样孩子就会经常为自己的错误找与自己无关的理由,以达到不受惩罚的目的,这其实是说谎的一种,时间久了,孩子的这种坏习惯就养成了。所以,父母一定不能因为博得孩子的欢心而归罪他人,要根据事情的严重性对孩子进行不同程度的惩罚,这样孩子才会对于错误有正确的认识。

第九,父母不要常常去责骂小孩子。责备的目的,一方面是要激发小孩子的羞恶之心,还有一方面是要使小孩子改正以前的过失。所以骂是不可以常用的,是"不得已而用之"的方法。倘使做父母的天天骂小孩子，那么小孩子把骂当作耳边风了，那么"打骂"也就失去了最初的教育功效了。同时也会引起小孩子轻视之心，经常遭受责备的孩子，就会对于父母的责备产生轻视的态度，对于犯下的错误也就不会有更深的认识了，改正错误也就不复存在了。父母经常的打骂更会引起小孩子厌恶之心。所以，父母一定要恰当地使用打骂的手段，使之为家庭教育更好地服务。

第十，父母不应以一己喜怒支配小孩子的动作。孩子虽然很小但仍有自己的意志。父母不能因为自己的喜怒来支配孩子的意志与行为，这样对于孩子是没有益处的。如果经常根据自己的情绪来支配孩子的动作，孩子就会产生逆反心理，以致后来顶撞父母等行为的出现。究其原因，是父母不能公平地对待孩子。

对于孩子的体罚，陈鹤琴先生指出："凡做父母的自身曾经受过良美教育而能施良美教育于子女的，那体罚当然可以免用。但是我们一般普通的父母虽不就常常诉诸鞭挞以指导我们的小孩子，然有时也或要用到的。用体罚以指导小孩子易，不用体罚而用别的良法以指导小孩子难。若能用别的良法指导小孩子，那我非常赞成的；若不能用别的良法而不得不用体罚以指导小孩子，也须善用。"所以做父母的一定要恰当地运用体罚。如果体罚非用不可，陈鹤琴在《谈谈学习里的惩罚》中指出："惩罚的前提是教导儿童明了规则的意义，实施惩罚的时候，不能妨害儿童的身体、学习，要尽量顾全儿童的名誉等。"[1]所以父母和教师们要尽量地使用有意义的劝导，暗示儿童改过从善。一定切记惩罚要在尊重儿童人格的基础上实施，给儿童一个健康的成长环境。

[1] 陈鹤琴.谈谈学校里的惩罚[N]. 基础教育, 2008 (8) .

（七）增长儿童经验的原则

儿童生来是没有知识的，所以儿童的教育主要针对是儿童经验的增长。只有经验增加，孩子的知识才会相应地增多。陈鹤琴针对儿童经验的增长提出了相应的原则，一共有五个原则，主要是从注重主动性、注重环境的影响和激发好奇心三个方面来进行阐述的，下面让我们共同品读这个相关的理论，希望能够为普天下的父母在教育子女的时候参考。

1. 注重主动性

第一，凡小孩子能够自己做的事情，父母切不可代做。随着孩子身体的发展，逐渐自己可以完成简单的活动与任务，所以这个时候父母就要给孩子充分的锻炼机会，让孩子能够很好地发展自己的肌肉，养成勤俭的习惯，更能从中体会到成功的不易与喜悦，想必这样的孩子一定是自立、自强的好孩子。

有的父母觉得让孩子自己去完成任务是辛苦的，所以就替孩子去完成。陈鹤琴认为这样既剥夺了孩子锻炼肌肉的机会，又助长了孩子懒惰性格的养成。所以做父母的一定要把一些简单没有危险的事情，让孩子自己去独立完成，这也不失为一种好的教育方法。

第二，叫小孩子做事，不宜太易也不宜太难，须在能力范围内。陈鹤琴认为孩子在家应该帮助父母做一些事情以达到锻炼的目的，但事情不能太难也不应该太容易，要在孩子的能力范围之内，否则都达不到教育的目的，严重的还会影响孩子的健康发展。陈鹤琴指出："倘使所做的事太易，那么小孩子一则不高兴去做，二则无进取心，三则以为父母小看他，叫他做这样容易的事情，恐怕就要不大高兴了。反之，做父母的叫他做太难的事情，那么小孩子一则畏难不敢去做，二则以为父母虐待他，叫他做这样艰难的事情，以后就要怨恨父母了。"

著名的心理学家维果斯基曾指出：儿童的教育内容应在"最近发展区"之内。只有在孩子努力范围之内，孩子才会真正地学到知识，体会到快乐，从而更加愿意投入学习与劳动中。所以，做父母的一定要给孩子选择合适的活动，让孩子在通过努力之后能够取得成功，这对于儿童的成长是大有裨益的。

第三，不应禁止小孩子去探试物质。每一位家长都希望自己的孩子知识经验是丰富的，但也不希望孩子参与弄脏衣服的活动。倘若孩子不去接触水，又怎么知道水是流动的呢；不接触冰怎么晓得冰是凉的，遇热可以融化的呢？因此，父母不能因为怕孩子弄脏衣服就禁止孩子接触周围的事物，只要不是危险的物品，家长都应该给孩子接触的机会，让孩子的经验更多些，这样才有利于知识的增长。

2. 注重环境的影响

父母应常带小孩子到街上去看看。孩子终日养在家里是不好的，孩子的视野被限制在家里的所见所闻上，对于外边的世界则是一无所知。如果经常带着孩子去街上走走，孩子就会知道事物的来处与用处了，自然就知晓人情事理了。所以陈鹤琴指出："我们晓得常识缺乏的人大概是不会有什么作为的，而且对于他自己做人也是很吃亏的。所以做父母的要常常带小孩子到街上去看看，以丰富他的知识，以增长他的经验。"总之，我们要尽可能给孩子以增长经验的机会，最好的方式就是拥有复杂丰富的刺激，让孩子拥有一个健康的环境。

3. 激发儿童的好奇心

父母应利用儿童的好奇心，激发儿童的良好动机。孩子天生具有好奇心，所以自然就会问题多。有的父母觉得孩子的问题莫名其妙，就不耐烦地随便回答孩子的问题，竟不知孩子已牢记这个回答了。父母不应对于孩子的问题不上心，要不厌其烦地对孩子的问题——详细地解答，利用孩子的好问心，给予孩子更多的知识与经验。

陈鹤琴对于孩子增长经验的原则的论述是细致入微的。他不仅有理论的说教,还对每一个原则都列举了使人信服的例子,向读者更好地解析了经验增长原则的内涵。

(八)为儿童营造良好家庭教育环境

陈鹤琴先生认为环境对于儿童的成长有非常重要的作用,他说:"小孩子生来大概都是好的,但是到了后来,或者是好,或者是坏,都是因为环境的关系。环境好,小孩子就容易变好;环境坏,小孩子就容易变坏。一个小孩子生长在诡诈恶劣的环境里,到大来也会变成诡诈恶劣的。一个小孩子生长在忠厚勤俭的环境里,到大来也是忠厚勤俭的。这是什么缘故呢? 他所看见的,所听见的,都是坏的印象,那他所反应的大概也是坏的;倘使他在一种很好的环境里生长,他所听见的,所看见的,都是很好的印象,那他所表现的,大概也是很好的。"所以我们就说环境与儿童的成长有关系,因为儿童具有感受刺激,对刺激做出反应的能力,而刺激从根本上是来源于环境。好的刺激,儿童就会有好的印象;坏的刺激,儿童就会有坏的印象。儿童如果经常生活在不好的环境里,他也会变得不好,品质也会受到影响。反过来说,如果儿童成长的环境是优良的,那么儿童慢慢地也会变得优秀的。

总之,怎样的环境就会有怎样的刺激,儿童便会有怎样的印象,发展自然是可以想见的。至于儿童成长的环境来说,只要是儿童所能接触的事、物等一切物质都是属于环境范畴的。为此,陈鹤琴为了儿童的健康发展提出要为儿童创造良好的环境,包括要为孩子创造游戏的环境、劳动的环境、科学的环境、艺术的环境(音乐的环境、图画的环境和审美的环境)、阅读的环境,使孩子得到全面、均衡、和谐的发展。

1. 游戏的环境

从心理方面来说，小孩子生来是好动、好游戏的。关于儿童游戏的发展陈鹤琴做了深入的研究，前面已叙述过了，这里不再赘述。孩子在游戏的时候，可以从游戏中得到快乐、经验、知识和健康。因为儿童具有很强的模仿力，所以父母应当注意儿童游戏的环境。要给儿童提供适当的游戏设备，使小孩子拥有充分运动的机会，还要给孩子选择适宜的玩伴，能够让孩子在游戏的时候，各个方面都得到发展。

2. 劳动的环境

孩子在小的时候，自己不能独立完成事情。但随着逐渐长大，一些简单的活动还是可以完成的。但有的父母怕孩子受累就不让孩子自己做任何事情，这样是不好的。孩子应该有劳动的环境，劳动可以锻炼孩子的身体，发展孩子做事的能力，培养孩子的独立性与劳动的好习惯，只要父母给孩子创设一个安全劳动的环境，远离危险的发生就可以了。

3. 科学的环境

孩子是好奇、好问的，应该根据孩子的这种心理给孩子创造一个科学的环境，培养孩子热爱科学的兴趣。陈鹤琴先生建议，在孩子小的时候可以给他一些小木块、小飞机等简单的玩具，使孩子有初步构造玩具的能力。等到了八九岁的时候，就给孩子磁石等玩具，这样孩子会逐渐地热爱科学、热爱科学发明的。所以，父母要给孩子创造科学的环境，以发展他的科学技能和培养科学兴趣。

4. 艺术的环境

陈鹤琴关于儿童艺术的环境，他指出好的艺术环境是要同时发展儿童审美与音乐、图画等各方面能力。关于这三个环境他也做了详细说明。

（1）音乐的环境

父母要在孩子小的时候，就给予音乐。使之拥有对于音乐的欣赏能力。音乐可以陶冶性情，倘若可以经常给孩子优美的音乐听，孩子的性情一定会温顺柔和的。音乐不仅只具有欣赏的价值，还可以锻炼孩子听觉的发展。让儿童在欢快中发展审美能力，这是何乐而不为的呢？

（2）图画的环境

孩子在很小的时候就喜欢用东西画来画去的。有很多父母看见孩子乱画就责骂孩子，不许他以后再画，这样孩子热爱图画的念头也就被打消了。长大以后自然就不喜欢画画了，想必这时再培养为时已晚了。画画可以表达孩子的情感，孩子从中也会得到快乐，同时也扩大了孩子的兴趣，这是一件对于孩子成长有益的事情，所以父母要给孩子一个图画的环境。

（3）审美的环境

对于孩子生活的环境中，父母要把东西摆放整齐，不能随意乱丢东西，以免孩子学会。家里的摆设要尽量符合审美的标准，要让孩子在潜移默化中培养审美的能力。这就要求父母要提高自身的素质，积累审美经验。

5. 阅读的环境

阅读对于一个儿童成长的影响，想必不用多说，大家都是欣然接受的。既然阅读对于儿童成长有重要的影响，那么父母就要从小培养孩子热爱阅读的好习惯，给孩子一个阅读的环境。父母可以给儿童提供一些儿童读物，讲授儿童故事，以引起儿童阅读的兴趣，培养儿童自觉阅读的好习惯。

五　家庭教育的方法

方法是为思想服务的，一个好的家庭教育方法是达到良好家庭教育目的的必要手段。陈鹤琴先生的家庭教育思想主要是：发展儿童强健的体魄，促进智力的发展，从而养成良好的习惯，教授儿童做人的方法，激励儿童的积极性与自觉性，最终使儿童能够自立、自强。本着这个出发点，《家庭教育》中主要有五种为家庭教育思想原则服务的方法，下面让我们一同来品赏。

第一，早期的实地教育法。孩子在小的时候，受外界刺激影响最大。孩子天生具有模仿性，对于所见到的事物能够模仿。所以父母不能认为孩子小什么都不懂，就忽视孩子早期的教育，等长大以后再教育已是亡羊补牢，为时已晚。总之，孩子的教育是要从小就教起的，而且要注意实施实地的教育，当孩子出现错误的时候，要立刻进行教导。

第二，游戏教育法。孩子从小就喜欢游戏，所以用游戏的方法来教授儿童知识是既简单又奏效快的，还可以增加孩子学习的兴趣。父母可以把书本知识、生活经验、做人道理等寓于游戏之中，边游戏边给儿童教授知识道理，这样孩子既得到了快乐，又获得了知识，对于父母和儿童都是大有好处的。

第三，代替法。孩子如果有不好的行为出现的时候，父母可以用一个好的行为来代替它。譬如孩子想玩家里的扇子，父母担心扇子被撕破，因此给孩子一个摇铃玩，孩子就高兴地玩起了摇铃，就会忘记扇子。这样既可以免除孩子满足不了需要的痛苦，也可以给父母带来安静的环境。但陈鹤琴指出，不能因为没有好的代替物，禁止孩子玩弄以后，由于孩子的哭闹就依从孩子，这对于孩子的成长是不利的。

第四，激励法。孩子都是喜欢被赞扬的。穿了好看的衣服就要给别人看，想听到别人的赞美。父母可以利用孩子的这种心理，来引导孩子行为和品德的形成。当孩子做一件好事的时候，父母要鼓励他以后继续努力；当孩子做一件错事情的时候，父母也要用激励的方法，使孩子及时改正错误。父母要在日常生活中善于使用积极的鼓励，使孩子顺利地养成良好的品德。

第五，暗示法。陈鹤琴在对于儿童暗示的研究中指出，儿童具有很强的暗示性。所以父母要多使用积极的暗示，少使用消极的命令。父母可以用言语、行为、电影等来暗示孩子什么是好的行为，什么是不好的行为，并鼓励儿童学习好的行为。

父母在掌握好的教育方法的同时还要教会孩子学会服从、学会爱人。陈鹤琴指出："教小孩子服从，教小孩子爱人，这是教小孩子怎样做人的最重要的习惯与精神。"

孩子必须有服从的习惯，只有孩子拥有了服从的习惯，才能适应社会的生活。在教孩子服从的时候，父母要少用命令的口气命令孩子做什么，或者禁止孩子做什么，倘若孩子不服从一次就会影响以后的服从效果了；父母对于孩子的态度要前后一致，不能因为孩子的哭闹等行为而改变先前的决定，这样孩子就会用一系列行为来阻碍服从了；对于孩子的服从教育父母必须是主张一致的，如果父母的主张不一致，孩子就会不知道如何服从了。所以父母必须要选择孩子不在的场合下商量好，以免在孩子面前表现出意见分歧，给孩子造成不良的影响；其实孩子在小的时候，是很容易服从的，倘若有的时候表现出反抗情绪，父母就要探求孩子不服从的原因了。只有针对孩子的不服从原因进行教育，孩子才会情愿地服从父母的意愿。在教授孩子服从的时候，父母切不可使用强制、威胁的办法来强迫孩子服从，这样的方法不仅不持久，还会影响孩子的身心发展。

父母应该训练孩子有爱人的精神。陈鹤琴认为，只要小的时候爱人，长大必定会爱社会、爱国家的。在孩子小的时候，父母就要告知孩子要顾虑别人的安宁。不管是玩，或者是吃的时候，都要考虑到其他人；同时对人要有同情心，孩子生来是不懂同情的，所以父母要在生活中，从身边的小事开始慢慢地培养孩子的同情；平时要孩子帮助父母做一些简单的事情，可以给孩子安排一些家务，例如打扫屋子、整理物品等。不仅可以训练孩子的肌肉，还可以使孩子养成爱劳动的美德，以达到爱护别人劳动成果的目的；孩子在家里是最小的，也是长辈最宝贝的，但必须教孩子对待长辈要有礼貌。不能因为害怕就躲着长辈，更不能无理而轻视长辈。所以父母在生活中要教授孩子服从和爱人的习惯与精神。使用正确的方法时，还要不失耐心。这样才可以培养出对社会、对国家有用的幼苗。

通过陈鹤琴先生的理论，我们深切地理解了父母的重要性。孩子生来是无知识的，他们不仅受遗传的影响，还受环境的作用。家庭是孩子成长的第一所学校，父母更是孩子的第一任老师。孩子在言行上都会模仿父母。所以父母对于孩子人格的尊重是家庭教育的基本要求：父母要尊重孩子的要求与意见，不能强制地要求孩子，要学会倾听孩子，尊重孩子的想法，给孩子一个平等健康的成长环境。父母的教育意见一致性是家庭教育的关键环节：父母不能在孩子面前因为孩子的教育问题而发生太大的意见分歧，这样孩子就会对父母的教育失去信心，孩子就会感到迷茫而不知所措了；给孩子真正的爱是家庭教育的具体体现：真正的爱要区别于溺爱。父母不能把对孩子的百依百顺当作对孩子的爱，真正的爱应该是给孩子充分接触事物的机会，及时纠正孩子的错误等。陈鹤琴认为父母首先要以身作则，因此提出了八个原则，这八个原则和陈鹤琴的《怎样做分母》有异曲同工之处，所以这里不单做论述，将会和《怎样做父母》的内容一起呈现给大家。

六 《怎样做父母》赏析

陈鹤琴十分重视父母的作用。他认为孩子生来是柔弱、没有知识的,对于世间万物毫无意识。家庭是儿童接触世界的第一个场所,父母是儿童接触最多的人。孩子刚出生的时候,有很强的模仿性,所以家庭、父母对于儿童的影响是可想而知的。针对儿童独特的生理与心理特点,父母要给儿童最好的照顾与教育才可以,让儿童拥有一个健康成长的环境。针对父母的重要性,陈鹤琴先生于1935年、1937年、1943年、1947年和1948年分别写了《怎样做父母》的文章,后来收录于《家庭教育》这本书里,与家庭教育的理论方法更好地形成一个完整的体系。陈鹤琴关于这方面的论述主要从父母对待子女要公平公正、对待子女要态度一致、父母要以身作则、培养儿童良好习惯、培养儿童自动性、避免儿童作伪和做一个好母亲七个方面来论述的,下面让我们一同赏析陈鹤琴先生的著作:《怎样做父母》。

(一)父母对待子女要公平公正

做父母的对子女提出的要求、态度和所犯错误的处罚形式,应该采取公平公正的态度。只有父母能够公平地对待子女,才能维持正常的家庭关系,因而拥有健康的父子、母子关系。有很多父母严重偏爱家里的唯一男孩或者是家里最小的、最聪明的孩子。这样的不公平的对待会让受到宠爱的孩子逐渐地变得飞扬跋扈,任性无理,不尊重长辈;受到冷落的孩子就会自尊心下降,对父母心生怨恨等。因此,父母这种不公平公正的对待无疑贻误了孩子的成长。所以,为了孩子的健康,陈鹤琴提出父母要公平公正地对待子女。"父母须知,子女既同出自己,待遇自应当公平,贤俊者固可赏爱,顽愚者亦当矜怜,断不能以面貌的妍媸,资质的敏顿,就分出爱憎来,就做出不平的待遇来。做父母的,真正爱子女,不应当偏爱子女,不应当偏憎子女,须以公平正直的手段对待子女。"

对待子女公正还表现在改正孩子的错误观念、不欺骗孩子、对孩子有相当的礼貌和不迁怒孩子上。

父母认为孩子是一个小大人,就用成人的标准来要求孩子,这从根本上忽略了孩子生理与心理上的不成熟性,对孩子的成长是一种不可修复的伤害。有的父母还认为孩子懂得太少,所以孩子的想法、看法都是错误的,只有父母才是对的,孩子必须要听父母的。陈鹤琴指出父母要打破自己的观念,遇到什么事情,要仔细考究问题,孩子对的就是对的,要勇于承认自己的错误,给孩子做一个好的学习榜样。

陈鹤琴先生所指的不欺骗孩子,是对孩子说实话。不能因为哄孩子听话、开心就随便找理由哄骗孩子。如果父母的哄骗被孩子看穿一次,即使以后父母说真话,孩子也会认为父母是在欺骗自己,就不会听父母的话了,从此孩子对于父母也就不会那么尊重了。

父母对待子女要有礼貌。有的父母认为必须让孩子怕自己,这样才能管住孩子,所以就对孩子异常严厉。其实这样做是不对的,如果让孩子听自己的话,就要让孩子先从心里佩服自己、崇拜自己,这样孩子会不约而同地敬畏父母了。如果父母的举止轻浮,反而要求孩子儒雅,孩子是不会敬畏的。孩子不是家里的奴隶,所以不需要奴隶的对待方法。他们有自己的自尊心,父母不要在伤害孩子的同时,来强迫孩子惧怕自己。这对于孩子的教育是没有好处的。

父母有很多压力,难免情绪低落,心情不好。但这时父母要切记不能因为自己的情绪而迁怒孩子。孩子太小没有抵抗的能力,更加缺乏处理和调节的知识手段。对于父母的突然迁怒,孩子就会受到精神上和心灵上的伤害,所以父母要掌握调节情绪的方法,不能因为一己喜怒来迁怒于孩子。

（二）父母对待子女的态度要一致

父母有的时候难免会因为孩子的教育问题而产生意见分歧。但是如果有一方的做法是错的，不要在孩子的面前指责，要等孩子不在的时候再说。当夫妻间的意见一致以后，再告诉孩子具体应该怎样做。这样孩子就明白要如何做了。不至于因为父母的吵闹而失去方向。所以，在孩子面前对于教育的问题，父母的意见一定要统一，给孩子一个明确的指导。

（三）父母要以身作则

孩子小的时候，对于事情好坏缺乏鉴别的能力。孩子的一举一动不仅受遗传的影响，还受环境和教育的支配。对于儿童来说，父母是环境中最主要的作用因素。孩子具有很强的模仿能力，他会模仿父母的一举一动。父母是儿童的镜子，怎样的父母就会培养出怎样的孩子，大概古语"有其父必有其子"就是这个意思吧。如果父母喜欢吸烟，那么孩子必定喜欢吸烟；有的父母说话没有礼貌，措辞很是粗陋，想必他的孩子也会耳濡目染学习父母的。这是从坏的影响来说的，如果父母对人都谦虚恭敬有礼，孩子也是不会差的。这就是告诉父母，你希望孩子怎样首先自己要先做给孩子看。父母不仅言语行动要以身作则，就是态度、思想，也要以身作则。父母的人生观、价值观和世界观都会深深地影响着孩子。

（四）培养儿童的自动性

在1947年出版的《怎样做父母》中，陈鹤琴提出了"让儿童自己做"的主张，目的是培养儿童的自动性。在书中他说道："我们做父母的，都希望小孩子能够自己管理自己，自己生活，自己思想，自己做人。这一种愿望，凡是做父母的都有的，但是实际上做父母的常常违反这种愿望，反而使小孩子没有机会去管理自己，没有机会去自己生活，也没有机会去独立思想。"从陈鹤琴的主张中我们不难看出培养儿童自动性的必要性。所以，做父母的凡是儿童应当自己做的、自己能够做的，都不要代替儿童去做。要给儿童充分锻炼的机会。

首先，凡是小孩子自己能够做的，应当让他自己做。小孩子不能单独做的事，或者一时做不起来的事，我们才帮助他做。做是孩子的权利，这种权利，做父母的不应该剥夺。所以陈鹤琴认为做父母的要给孩子创造一个"做"的好环境。

其次，凡是小孩子自己能够想的，应当让他自己想。小孩子一时想不到或者不能够完全想到的，我们可以间接地帮助他想。小孩子平时不大用思想的，我们应当积极指导小孩子去思想。平时应当鼓励孩子自己主动去想，自己说出自己的想法，父母不必替他想，更不用替他说。

最后，小孩应当有充分的设备。小孩子是好动的，所以应当给孩子他能够动的东西，要他自己去动，自己去做。父母期望孩子无论年纪大小，能够自动，能够思想，能够独立，我们就必须要给他适当的玩具设备，使之达到健康发展的目的。

（五）避免儿童作伪

孩子作伪大多不是偶然的，而是从小养成的一种说谎的习惯。说谎可以让孩子失去自尊心和信诺。既然说谎相对于孩子来说是一种不好的习惯，陈鹤琴就主张父母要避免孩子说谎作伪。陈鹤琴先生指出要避免孩子作伪，就要先明白孩子作伪的原因，只有在源头上进行教育，才能起到最好的效果。对于孩子作伪的原因，陈鹤琴认为，一是孩子害怕父母或教师责罚；二是孩子为了躲避现实的任务而找的理由；三是为了强于其他同伴。针对孩子作伪的原因，陈鹤琴认为父母要做到三点，才能避免孩子作伪。

第一，了解孩子。父母要知道孩子愿意做什么，能做什么，希望得到什么。帮助孩子做自己想做的事情，多给孩子奖励，消除孩子作伪的动机，鼓励孩子说实话。第二，使用暗示。父母要使用积极的暗示，可以给孩子讲述诚实的故事，夸奖诚实的孩子，告诉孩子诚实是一种人人赞美的美德，暗示孩子自己去做一个诚实的好孩子。第三，榜样的力量。父母和周围的成人要给孩子做一个好榜样，在孩子面前不说谎，脚踏实地做事，耳濡目染，孩子也会效仿父母的。总之做父母的要时刻注意，务必使孩子不作伪，建立起诚实的习惯。

（六）培养儿童好习惯

陈鹤琴认为习惯是一种行为，这种行为是不知不觉、不假思索的。"习惯的养成一般是一个循序渐进的过程。一般是从被动发展到主动的过程。[1]孩子在小的时候，就要培养各种生理卫生习惯，包括早起洗漱、刷牙，不点灯睡觉，不随地吐痰，不随口脏话等。如果等到孩子长大了再培养习惯就来不及了。习惯的养成是每天都要做的，每天让孩子进步一点，久而久之孩子就会习惯了。不过在一种习惯没有养成之前，父母不能允许例外事情的发生，更不要因为让孩子养成一种习惯而产生另一种坏的习惯。在《怎样做父母》中，陈鹤琴强调的好习惯是培养孩子每天做一件好事。有很多的孩子在家里是养尊处优的，什么事情父母都替孩子去做，孩子很少有帮助父母做事情的机会，更不要提做好事的机会了。其实父母大多时候只考虑到了孩子的生活需要，并没有想到培养孩子人格的必要性。要让孩子拥有健全的人格，就一定要给孩子帮助别人的机会。所以做父母的要鼓励孩子帮助别人，体验帮助人的快乐。

———————
[1] 李自斌.陈鹤琴儿童家庭教育思想述评[D].2006 (4).

（七）做一个好母亲

在陈鹤琴家庭教育理论里，父母在儿童教育中占有不可替代的作用，但是母亲相对于父亲更重要。所以，陈鹤琴提出，母亲不能教儿童以打骂父亲为乐，或者是背着丈夫宠爱孩子等。

有很多母亲叫孩子打父亲取乐，这是万万不可的。父亲因为对孩子的疼爱，也任由孩子打骂。小的时候如此，大了以后孩子就已经习惯打骂父母了。这个时候，父母感觉到了孩子的恶习，其实为时已晚了。这样的教育方式，会让孩子在心里不尊敬父母，而且也不会尊敬别人，这是不利于孩子良好品德形成的。做母亲的有的时候，以为满足孩子的要求，就心疼起孩子。认为只有满足孩子的要求才是对于孩子的爱，所以就背着丈夫答应孩子一些无理的要求，以至于孩子和父亲疏远，不尊敬父母。

陈鹤琴先生在《家庭教育》一书中的前两章论述了儿童的心理和一般教导原则，后十章详细地介绍了儿童教育的诸多方面与原则。他书中的例子都是来自于自己身为人父的实地观察，而书中的理论又源自身为教育者的教学经验，所以在很大程度上帮助了父母们教育子女。陈鹤琴先生将生活中的普通规律与道理，用简洁的语言娓娓道来，任何人都会欣然接受、大受启迪。

陈鹤琴先生认为父母的区别、家庭的区别，就会造成孩子之间的区别。所以做父母的要懂得教育孩子的方法，让家庭教育有理可依。陈鹤琴先生在《家庭教育》中对于儿童生活的各个方面的教育都做了细化的说明，与小孩子的科学知识学习、道德习俗养成、生活习惯培养、身体健康护卫等一些具体的事例形成了互证。没有实践的理论是空洞的，没有升华的实践更多的是解释说明，而非理论。由此说来，这本书是理论与实践相结合的最好代表。

陈鹤琴先生的《家庭教育》内容丰富，语言简洁，理论深入浅出，通俗易懂。每一个原则下都会配以一至三个数量不等的例子，加深读者对于理论的理解，由于例子大多时候是从相反方向去论证的，所以更具有说服力。

《家庭教育》这本书之所以能有不俗的影响，主要是陈鹤琴先生通过与孩子紧密交往提出来的，理论来源于实践，这种实践提炼出来的精华的内容广泛，涉及了儿童生活的各个方面；这种实践的方法又具有实地施教性，他能随时随地言传身教，而不是像教育部门的正规有时间限制的教育形式，在潜移默化中给儿童教育。更重要的是，陈鹤琴先生的教育理论实践的时间是连续的，方法是科学的，他从长子出生开始就进行了细致的观察与研究。

此书成于20世纪20年代，对于今天大多数独生子女的家庭教育有一定的局限性，在这本书中只强调了父母如何教儿童，并没有针对不同情况给出不同的做法，而且陈鹤琴先生把家庭教育只限于儿童时期，忽略了家庭教育的终身性，这也是本书的主要局限性。但书中的很多问题很有代表性，能够从生活实际出发有针对性地提出具有参考价值的理论。此书一直受教育者与家长的青睐，就是现在的家庭教育中的很多问题在陈鹤琴《家庭教育》中还是可以找到答案，这也证明了陈鹤琴先生的理论是经得起考验的。

民国九年的时候，我国的测验运动尚在萌芽阶段，后来逐渐地发展起来。民国十一年中华教育改进社聘请了美国测验专家麦柯尔博士与我国各大学教授合力编制各种应用测验。1920年，陈鹤琴与廖世承在南京高师创建了我国最早的心理实验室，于次年，两人共同编制了《智力测验法》，成为我国最早的智力测验专著。陈鹤琴和廖世承以南京高师附小和东大附中为基地，编制了小学、中学的各科测验，之后又在江、浙两省十多个城市的学校进行测试研究。经过长达四年的科学教育测验的探索，终于不负厚望，于1925年合著了《测验概要》一书。《测验概要》分绪论、智力测验、教育测验、教育测验实施的方法、普通统计及列表法、编造测验方法等。全书一共二十一章，对于测验的性质、效用、种类、实施手续等详述无遗。

在教育界一直能听见"测验"这个名词。那么测验究竟是怎么一回事呢？有人说测验是一种科学方法，用以定夺儿童个别差异的数量。又有人说测验是一种方法，能在最短时间内，测定各个人的智力或其他特殊能力。陈鹤琴对于测验则有他自己的理解，他认为测验是在有限的时间内，使用一定的测验材料，对被试者的能力能够做真实的反应，且测验的答案要固定且切实。他还认为测验是区别于一般的试验的：首先测验是客观的，不能因为被试者的不同而有所转移；其次是测验的标准是普遍的，不是只针对于个别群体的。

名著之四：《测验概要》

测验是一种科学的方法，用以定夺儿童个别差异的数量。

——陈鹤琴

一 测验有何用处

测验在教育界受到了足够的重视,有的人就对于测验提出了疑问,测验究竟能做什么,究竟有什么用处呢? 是什么力量让测验一直在今天还仍受欢迎呢? 在陈鹤琴看来:"测验是改进教学的一种良好的工具,测验可以辨别智愚。甄别班次,分别才能,估量成绩,改进教法,鼓励学业,诊断优劣,预测未来。"现在就让我们走进陈鹤琴关于测验用处的论述,了解测验的功效。

(一)辨别智愚,预测未来

人的智慧,可以说没有两个人是完全相同的。陈鹤琴认为:"人既有智愚的分别,我们应否施以同样的教育? 照我们人类几千年的经验以及科学家几十年的试验,觉得智愚不同的个体不应受同样教育的。对于资质鲁钝及聪明的,我们均应施以特别教育以发展他们的天赋能力。在欧美教育发达的国家都有为低能儿开设的特殊学校。我们所有的普通学校差不多是专为一般中智而设立的。上智的虽能得点益处而下愚的可说完全无插足之余地。不知因材施教,在教育原理中为很重要的一点。"从陈鹤琴的这段话中我们可以清楚地知道,智愚的不同不应受同样的教育。既然要因材施教,就要有能区别智愚的工具,而测验恰恰是简单快捷且最正确的工具。

一个儿童的智愚我们可以从小大致看出。大概小时聪明的,大来也聪明;小时愚拙的,大来也愚拙。陈鹤琴从实验中得出,人的智商是不会因为外界环境变迁的,重大创伤除外。所以,小时候就可以对孩子进行测验,教育者就可以根据测验的结果对孩子做出相应的教育调整,使孩子的个性更好地发挥出来。

（二）入学考试，甄别班次

现在的很多学校实行了入学前测验，根据测验与知识考试的综合成绩选拔学生。陈鹤琴在书中说到，除了采用智力测验以外，还有各种教育测验，用来弥补智力测验的不足，而且从试用以来，都觉得测验比寻常考试要正确得多，更能从真实的角度去选拔学生，为学校服务。

陈鹤琴指出，测验可以在学生入学之前进行实施，那样就可以很好地掌握学生的能力与知识程度。可以根据测验的结果，对学生进行分类，分成快班与普通班。针对于快班的学生要适当地提快教学步调，提高教学难度，使学生有更进一步的发展。而对于普通班的学生就制定常规的课程与标准。这样的分别教学，真可算上因材施教了。

（三）估量成绩，改进教学

陈鹤琴指出："做教师的既要知道他教书究竟教得好不好，做学生的也要知道他读书究竟有没有进步，办学校的也要知道他办学究竟有没有成绩。这种问题除了采用测验之外，恐怕没有什么别的方法可以解决的。"很多时候学校采用的成绩估量为普通测试，但经过陈鹤琴的调查发现，这样的具有主观评判的形式是不科学、不可靠的。所以，为了成绩的准确性，还是要采用客观的测验为好。

教育测验除了可以估量成绩之外，还可以改进教法。如果想要试验教学方法的优劣，就一定要通过传统教学方法与新的教学方法之间的测验来进行评价不可了。陈鹤琴对于这样的实验也进行了细致的研究，他认为测验是改进教法的一种好工具。

（四）诊断优劣

陈鹤琴指出，教育测验还有诊断的功能。这是区别于普通测验的，具有这种功能的教育测验能够诊断学生学业的优点与缺点所在。这样就可以根据诊断的结果进行改进。

二 测验分类

陈鹤琴在《测验概要》中，把测验分为两大类：智力测验和教育测验。在这两大类中又可以划分很多不同的种类，各个类型将会在下面的两类中进行论述。

（一）智力测验

智力测验一直受教育者的青睐，教育测验的范围也是广泛的。大家可能对于智力测验的作用还是不怎么明了，那么在这里就再加以论述，智力测验是测验遗传能力的。比奈曾说："智力是一种判断的能力、创造的能力、顺应环境的能力。"依据心理学家的研究，智力在人出生以后是逐年增长的，直到成熟时期为止，到了老年的时候是会下降的。随着测验的发展，完全测量后天能力的测验相继发展起来。在古代教育中不重视个别差异的研究，对于个体的个性也不重视。但到了文艺复兴时期，个性发展逐渐受到重视。随着心理测验的发展，研究个体差异的问题成了主流。要想区别人的智力的不同就要有相应的标准，这就为智力测验的发展提供了很好的机会。智力测验又分为团体测验和个别测验两种。所谓的个别测验，就是一时只能试验一个儿童。这种测验，比较的精密，但在学校中施行，时间及精力方面很不经济。因此又有团体测验的编制，一时间可试验四五十人以上。智力测验多数为文字测验，还有少数以图形为主的非文字测验。

1. 团体智力测验

针对于陈鹤琴的《测验概要》中的团体测验，这里主要介绍他和廖世承的两个测验。

第一个测验为廖氏团体智力测验。该测验主要分为两个量表，每个量表都有五种测验。这个测验适用对象为小学三年级至初中二年级的学生。这个测验包括了算术、填字、理解选择和同异的内容。首先，这个测验能够作为班级分组的工具。班级的儿童的智力是不相同的，要想针对不同智力的群体进行相应的教育，就要对学生进行区分；其次，还可以作为考察成绩的根据，在对班级的成绩进行分析比较时，可以使用智力测验作为辅助工具，用以区分考试成绩相当的群体；第三，可以作为诊断的工具，可以利用测验的分数区分出智力较高和较低的学生，针对具体情况进行适当的教育内容，否则会影响这两种儿童的正常发展。最后，这个测验可以作为职业指导的工具，这里的职业指导是一般职业的指导，而非特殊职业的指导。

第二个测验是陈鹤琴的非文字测验。此测验有三种，第一种的适用对象为升学前的儿童，第二种的测验对象为升学以后的儿童，第三种是为初中儿童设计的。第一种测验分为谬误、填图、划圈、拼图和较图；这个测验只是测量儿童的观察能力与审美能力，较图测验对儿童的敏捷性有很好的甄别能力。第二种测验包括填图、拼对、拼图、辨图和交替。这个测验里的拼图和填图相对于小学之前的测验要复杂一些，是需要儿童的推理能力的，在交替中，儿童需要利用记忆力和手眼相连的能力才能够完成。第三种测验是包括填图、填数、图形分析和计算立方体等三个部分。图形分析测验儿童的机巧能力，立方体计算中测验了儿童的观察力与想象力的发展程度。

2. 个别智力测验

陈鹤琴先生曾译《比奈-西蒙智力测验说明书》一书，后来在南京陆续地加入了几个新的测验，经过修订，已求得了标准。

订正的比奈测验，一共包含65个测验，分为两个预备测验和正测验两个部分。现根据书中的内容各举一例说明。

预备测验：有意义的记忆。测验的内容是9月5日7点钟上海大火。城里烧掉了3所房子，计有75间，值银5万元。当时有一个救火的，因为要救一个睡在床上的小孩子，自己的左手烧得很痛。把这个故事读给儿童听，然后要求儿童复述内容，根据标准给分。

正测验：说明皇帝与总统有三大异点。"问皇帝与总统有三样不同之处，那三样是什么？"

陈鹤琴当时的智力测验，不论是团体亦或个人的测验，大都是对于教育有指导作用的。因为课程内容不一致，教材内容也会相应地发生变化，所以教育测验的标准，也不能历久不变的。但是智力测验材料与统计是不精确的。

（二）教育测验

教育测验的目的是诊断儿童各学科的能力，预备实行相当的补救。陈鹤琴在书中介绍现行的教育测验有：读法测验、识字测验、文法测验、缀法测验、习字量表、算学测验、常识测验、史地测验、外国语测验等。对于教育测验贡献最大就是桑代克于1904年出版的《智力与社会测量的概说》。

1. 默读测验

在这里主要介绍陈鹤琴关于中小学默读测验。中学测验分两类，小学测验分为两类。这两种测验的性质和格式是完全相同的，所不同的只是内容而已。这个测验分为四个单独的测验，测验一测验的是儿童的辨字能力；测验二测验儿童的用字能力；测验三测验儿童的释字能力；测验四测验儿童的造句能力。默读测验做法简单，儿童易于领会。

2. 默字测验

默字测验与默读测验是不同的。默读是看书的问题，默字是写字的问题。也可以理解为前者是认识的问题，后者是回忆的问题。默字测验分为句子式和单字式两种。首先介绍的是句子式的默字测验：是要求学生在规定的时间内，把主要的字编写在句子里。但是这种测验只有英文版本的，而且测验进行起来非常的费时，校阅不方便更费脑力，甚至有的时候测验还是不正确的，因为测验的成绩在很大程度上取决于学生写字速度的快慢，对于写字慢而能力高的学生来说，就是测验没有效度了。

其次是单字式的默字测验：这个测验是要求学生根据主试解释的字，再把测验的字写出来就行了。这种方法既方便测验，又便校阅；既省时间，又较正确。

3. 国文常识测验

廖世承编制了一种国文常识测验，专为初中和高中的学生使用，其中涉及到应用文、声韵、作品、作家、经史、诗词、新文学等材料，这个测验采取的是中学默读测验，就是每题有四个答案，其中只有一个答案是对的，被试只要把对的那个答案的数目填入答案纸上的相应括号内就可以了。

4. 文法测验

陈鹤琴认为语体文的文法，对于文学有很大的要求。主要有廖氏和陈氏主编的两种。这里主要介绍的是陈鹤琴主编的文法测验。这个测验相较于廖世承测验要简单一些，是专门为小学生编的。这个测验的编制原则主要是每个句子内都有一个事先设定好的错误，被试只要改动一个错误的字就可以了，并且只能有一个错别字，正确的字也只能用一个规范的字；每个句子的错字必须是文法字，而且与所要改正的那个文法字在难易程度上应是相当的；句子里面的文字不应高深，要尽量做到简单易理解；句子所表达的意思应是一般普通的意义。这个测验不仅测验方便，而且校对也是快速的。

5. 书法测验

陈鹤琴认为测验分为两种：一种是测验速率的，一种是测验质量的。每种都有大楷、中楷和小楷三种类型。关于质量的书法测验，主要做法是根据桑代克所使用过的方法，就是先采取大样本被试的字样，让书法先生批评，然后找出中等水平的字样作为测验的标准。这个测验使用的是T分数，所谓的T分数是相对于原始分数的一种标准分数是统计是经常使用的，不能与日常的测验相比较。

6. 算术测验

陈鹤琴指出关于教育的普通测验有两种：基本四则算术和应用的算术。普通的算术就是基本四则运算的测验；而应用算术测验就是关于数学应用题的测验。陈鹤琴认为："欲做应用题，必须先学四则；然后学了四则，必须应用到人生事业上去；所以两者是互相为用的。"关于四则运算在不同的阶段要有不同的难易程度。关于四则运算的实施，主试者必须要清楚被试者在测验之前关于运算的速度问题和正确性问题，才能利用平时的表现正确地做出评判。关于四则运算，这里介绍一个算术四则运算，因为这个运算包含了算术难易阶段，而且在每个测验前都有相应的练习题，这样有利于让儿童知道测验的方法。

对于应用题的测验，是在形式上就很明显地区别于四则运算的。四则运算只要数字就足够了，而应用题的测验则是需要文字的叙述，所以这种测验对于学生的理解程度也是有要求的。这样就会影响学生关于测验正确答案的作答了。

陈鹤琴关于测验的论述其实不止是这么少，还有很多。有英文测验、常识测验和其他学科的测验。从不同的知识层面和范围分别测验了学生的知识程度和知识层面，对于当今教育是具有参考价值的。

三　测验方法

一项好测验的实施一定要有好的指导原则才可以，如果没有实施的办法，那么测验就相当于是没有方向的航行，只能是胡乱地实施，更不能对被测的群体进行区分。所以测验的实施方法对于测验是非常重要的。

（一）普通测验方法

陈鹤琴认为对于测验的实施方法，都有普通的施测方法可遵循。首先，主试者要始终保持和悦的态度，使学生愿意加入到测验中来，但切记不要为了迎合学生的心理而随意地加入不相干的话，这样就会严重影响测验的实施与效果。在测验的时候，要尽量给学生提供适宜的环境，避免外界无关的刺激干扰测验的进行；其次，等待所有的学生都填写好卷面空白时，再说明测验的做法，然后给学生发放测验需要的材料与用品，包括笔、试卷等；第三，需要主试绝对依照测验的说明进行测验的实施。关于测验实施陈鹤琴指出："最好看了说明书读，不要专考记忆，因为记忆有时错误，容易加入不相干的话或反漏掉了重要的话。倘使因为方言的关系，怕学生不能了解，可将原来说明上的话译成方言，但切不可失却本意。各种说明，都是几费斟酌才预备起来的，用得适当，可以不生弊病。"所以，主试在说话，特别是读说明书的时候，一定要讲话清楚，不宜过慢，也不宜过快，声音以全室的人听见为宜。如有需要注意的地方，须格外地加重语调来引起学生的注意；最后，测验进行的时候，桌子上不要有与测验无关的东西，以免阻碍了动作的发生，对测验结果产生不利的影响。当测验结束的时候，要收回测验材料等用品，并对测验的学生表示感谢。

（二）实习

对于师范教育的论述中，有实习的部分。陈鹤琴认为教育的实习目的是要学生熟悉并适应环境，逐步了解教育内容，把实习作为教师职前工作的一个必要的环节。陈鹤琴认为，测验的实习是一件很重要的事。他指出："若学生只知理论而无实习，那将来独自施行测验时必发生种种错误，以至所得的和层级不正确。所以在这个学程中，实习占一个重要的地位，没人所得之实习机会愈多，将来独自应用测验时就愈有把握。"因此，要尽量使每一个人都有作为主试者的机会，有实习的机会，有将理论运用到实践中去的机会。

对于实习，不是随便的给做的机会就可以的。首先，要教员先示范。教员要教授学员明了施行测试的手续，要给学员亲自示范测试的过程，避免学员在测验中发生种种的错误；其次，就是要带全测验的材料，在未进行测验之前，主试者要仔细检查测验过程中可能用到的备品，而且要将这些材料放在随手拿到的地方，以免测验开始时因为找不全备品而影响测验的正常程序；最后，当测验结束的时候，教员要组织学员进行分组讨论，探讨实习的优缺点，以资取舍。教员应该与学员共同对于测验的结果进行检验与校对，以确保测验结果准确无误。

陈鹤琴还对于测验结果的计算方法有详细的叙述，主要有核算差异量数的方法、核算相关系数的方法和图表式的统计报告法。针对不同的核算方法，他都做了大量详细的计算，并且给出了相应的事例加以说明，为的是加深读者的理解，能够真实地计算测验的结果，给出正确的测验答案。但对于测验的核算方法，这里不做过多的介绍，希望感兴趣的工作者可以去亲自参阅，以获得更多的理论，对实际的测验做最好的指导。

陈鹤琴先生是我国心理测验早期的积极传播者和本土化的开拓者之一。1919年陈鹤琴和廖世承两位先生在南京高等师范任教时，开设测验课程，编制各种测验，大力倡导各种智力测验。1921年由陈鹤琴、廖世承合著的《智力测验法》一书作为高等师范学校丛书出版，这是陈鹤琴继《测验概要》《语体文应用字汇》等之后的第三本研究著作，他坚持不懈地为中国的教育中国化、科学化探索道路。从此，他和一些志同道合的教育者共同掀起了中国教育测验的运动高潮。《智力测验法》一书分为三大部分十四章。第一部分阐述智力测验的性质、功用、标准和用法。第二部分将35种测验及做法说明、测验性质分门别类逐一列举。第三部分列举智力测验的核算方法和校阅的标准，并对各种测验的结果予以说明。测验内容涉及图形、算学、词句、文字、想象力和社会知识、品行道德等方面，测验被试者的兴趣、观察力和思想与动作的协调性，形式分个人测验和团体测验，其中23种直接采用了国外的测验内容，12种为根据中国学生特点自创。1925年，由廖世承、陈鹤琴编著的《测验概要》发表，在《智力测验法》的基础上，该书的内容更为全面和实用，强调从中国实际出发，研究和编制适合中国儿童特点的测验，书中所举测验材料，大都专为适应我国儿童的。全书分绪论、智力测验、教育测验、测验实施方法、普通统计及列表法、编造测验方法等21章，为中国学者开展测验工作以来所取得成绩的一个全面总结，被教育界誉为"测验最简便的用书"，也成为二三十年代中国学者所编制测验中的经典之作。《测验概要》是在他们亲自从事4年心理测验理论研究与教育实践、设定心理测验中国本土化取向的基础上撰写的，因此该书起点高、方向明、基础牢、有价值。虽然书中所论述的测验类型、涉猎的测验内容，与现在的教育要求和教育内容已不尽相同，仅仅用这些类型的测验来测量学生的知识与智力，是远远不够的；用书中的核算方法来对测验的结果进行分析更是不全面、不准确的。但是，从当时的发展来看，陈鹤琴等人能编制如此之多的测验和核算方法，已属难事。这种精神是值得我们学习的，只要我们掌握书中的测验和方法根据实际加以修正，仍然可以适用于当代教育的发展要求，所以陈鹤琴的《测验概要》对于现代教育研究是具有重要的指导作用的。

结 束 语

陈鹤琴先生钟爱于中国的儿童教育事业，他能够从实际出发，提出对于儿童教育改革具有重要意义的理论，源于他对教育事业的热爱精神；在实践中陈鹤琴先生不断地总结创新，勇于探索求真，时刻以振兴中华民族教育为己任。陈鹤琴先生的一生，是为儿童造福的一生，是一切为了儿童，一切为培养祖国的花朵无私奉献的一生。他毕生兢兢业业，舍己为人，时刻关心儿童教育事业的发展。陈鹤琴先生称得上是终生为儿童教育辛勤耕耘的好园丁，更是"先天下之忧而忧，后天下之乐而乐"的楷模，后人为他鞠躬尽瘁的精神所折服，并且会永远以他为榜样，为国家的教育事业尽自己应有的责任。